愛知大学東亜同文書院大学記念センター叢書

アジアを見る眼

東亜同文書院の中国研究

三好 章 [編]

あるむ

はじめに

三好　章

　本書は、東亜同文書院の研究と教育に関して、その現代的な意味を再検討することを目的としている。
　愛知大学は、周知のように戦前期の在外高等教育機関関係者が中心となって1946年に創立された。それら愛知大学の前身の一つとして、とりわけ大きな部分を占めるのが東亜同文書院（1939年大学昇格）である。東亜同文書院は、1945年の敗戦まで中国上海にあった。上海は、近代日本にとって最も近い「西洋」であり、中国にとっては近代世界に望まずして開かされた窓口であった。時期をさほど違えることなく、近代世界に飛び込まざるを得なかった日本と中国とは、それまでの中華帝国的世界観による中心周辺関係から、ヨーロッパを中心とした世界資本主義秩序のなかに再定置され、日本が比較的に先進の位置に立つことになった。そして、その立場からアジア世界へのアプローチを始めた日本にとって、中国との関係をいかに取り結ぶかということは、政治的にも経済的にも最優先の課題であった。そして、本書の課題とはやや関心を異にするものの、近代日本の中国との対応のあり方から、日本にのみ支持者を持つアジア主義の複雑性多様性、ひいては無定型さもまた、生じてくる。東亜同文書院は、その前身である日清貿易研究所同様、近代中国を舞台に、その社会と国家、経済のありようを調査分析し、経験主義から脱却して科学的解明を進めること、それによって実際の貿易実務など経済活動に寄与し、ひいては「日中提携」をはかることを目標として設立運営された。そして、東亜同文書院は中国現地に始まってアジアへ、さらに世界を視野に入れた活動を展開していった。

この時期、すなわち19世紀末から20世紀中葉にかけては、清末から民国の成立、そして共産党の台頭という変動のなかに中国はあった。東亜同文書院は、実際に激動する中国を、客席ではなく舞台の中央で体験し、中国の国家と社会、経済と文化などを中心に研究を重ね、学生を育てていったのである。学生たちは、日本本土に限らず朝鮮、台湾などの旧植民地、さらには中国大陸からも、笈を負って上海に集まった。彼らが求めたものはそれぞれ異なるであろうが、東亜同文書院に時間と空間とを共有する経験を積んだ。そうした彼ら学生と、また学生自身もその一部に積極的に関わった中国研究は、東亜同文書院全体を通じて言いうることであるが、決して理論を先行させることなく、まず現実を直視することから中国とアジアに接近したのであった。その成果は『支那省別全誌』あるいは『華語萃編』を出発点とする『中日大辞典』という具体的な形となって日本と世界に貢献し、後進の導き手となってきたし、現在もその資料的価値は高い。

　本書には、東亜同文書院の中国研究に関連した5本の論考と講演、東亜同文書院の出版物解題を収める。まず、ダグラス・レイノルズ論文「枠の外を見よ――東亜同文書院とその中国研究の体系」ではフィールドワーク研究の先駆として東亜同文書院の「大旅行」と『支那省別全誌』などの成果が位置づけられ、しかもそれがボトムアップ型であったところに有意義さを見出している。石井知章論文「根岸佶と中国ギルドの研究」は、革命によっても潰え去ることのなかった中国の前近代性を、東亜同文書院の中国研究を代表する一人である根岸佶の中国ギルド研究から抽出し、現代中国の抱える問題に接近する。三好章論文「東亜同文書院の20世紀中国社会論――根岸佶を例として」でも根岸佶を取り上げ、その根岸の方法論こそが東亜同文書院の研究方法論、研究視角となっていったことを主張する。湯原健一論文「語学学習者の受け皿としての満洲――明治期『満洲日日新聞』記事から読み解く満洲での東亜同文書院生の活動」では、東亜同文書院で教育を受けた人々の卒業後の足跡を、日本が進出しつつあった満洲を舞台に、『満洲日日新聞』を主要資料として検討したもので、近代日本の歴史において外国語としての中国語の位置づけまでも視野に収めている。野口武論文「「日清貿易研究所」研究の整理と課題――東亜同文書院前史としての位置づけ」は、日清貿易研究所の研究史を整理する中で、東亜同

はじめに

文書院も視野に入れた今後の研究の方向性を示している。また、仁木賢司「北米に於ける極東アジア学科とその資料——東亜同文書院との私的出会い」は、本書のもとになった2014年12月13日に豊橋において行われた国際シンポジウム「東亜同文書院の中国研究——その現代的意味」での講演を加筆整理したものであり、長年にわたってコロンビア大学、ミシガン大学でのオリエンタル・ライブラリーの中心にあって、アメリカ全土にとどまらず英語圏での近代アジア研究の状況、資料状況に精通した人物ならではのエピソードがあげられている。そして、石田卓生による「東亜同文書院・東亜同文会逐次刊行物解題」を収録し、東亜同文書院による中国研究調査、時事問題に関連する雑誌などが概観できるようにした。

　本書は、愛知大学東亜同文書院大学記念センターが2012〜2016年度、5年間にわたる文科省「私立大学戦略的研究基盤形成事業」に採択されたプロジェクト研究「東亜同文書院を軸とした近代日中関係史の新たな構築」の成果の一部である。プロジェクトは全部で5グループで構成され、本書はそのうちの「東亜同文書院の研究と教育」グループが行った上記のシンポジウムを元にしている。論考は愛知大学東亜同文書院大学記念センター『同文書院記念報』VOL. 23（2015年3月）に発表されたものをもとに、加筆修正されたものであり、レイノルズ論文は英文であったものを日本語に訳出した。

目　次

はじめに……………………………………………………三好　章　1

枠の外を見よ
　――東亜同文書院とその中国研究の体系
　………………………………………………ダグラス・レイノルズ　7
　　　　　　　　　　　　　　　　　　　　　　　（三好 章 訳）

根岸佶と中国ギルドの研究………………………………石井知章　27

東亜同文書院の20世紀中国社会論
　――根岸佶を例として
　…………………………………………………………三好　章　45

語学学習者の受け皿としての満洲
　――明治期『満洲日日新聞』記事から読み解く満洲での
　　　東亜同文書院生の活動
　…………………………………………………………湯原健一　75

「日清貿易研究所」研究の整理と課題
　――東亜同文書院前史としての位置づけ
　…………………………………………………………野口　武　99

〈講演〉
北米に於ける極東アジア学科とその資料
　――東亜同文書院との私的出会い
　…………………………………………………………仁木賢司　129

東亜同文書院・東亜同文会逐次刊行物解題
　…………………………………………………………石田卓生　141

枠の外を見よ
――東亜同文書院とその中国研究の体系

ダグラス・レイノルズ（三好章訳）

はじめに

　本稿は東亜同文書院創立の目的、およびその中国研究の体系を、冷戦終結後のグローバルな視点から大要を俯瞰しつつ、再検証を試みたものである。

　本稿は3つの部分から構成されている。まず始めに、「真の中国」を理解しようとした荒尾精（1859～96）[*1]について、その原点と構想、さらに荒尾の「真の中国」を理解するための方法論を検討する。荒尾の中国に関わる研究活動は、漢口に楽善堂を設けた1886年から死去する1896年まで、根津一[*2]らの協力を得て行われた。次に、東亜同文書院が1900～01年という創立前後の時期に、日本各地でいかに学生たちを集めたかに焦点を当てる。この学生募集は成功し、結果として、特に1901年以降日本全国から厳格に選ばれた日本人エリート学生集団となった。第三に、東亜同文書院での中国研究の体系を、「地域研究」の観点からアメリカにおける地域研究と比較して考察する。

　1901年に設立された東亜同文書院の中国研究の体系は、1890～93年の間に存在した前身の日清貿易研究所を基本としたものであり、世界初の本格的な地域研究プログラムの

写真1　荒尾　精

事例となった。注目すべきは、日清貿易研究所も東亜同文書院も、いずれも「ボトムアップ型」というべき下からの構想として独自の種を育んだことである。およそ半世紀の後、第二次世界大戦後、アメリカ合衆国政府は地域研究を「再発明」したが、これはアメリカの戦略に寄与させるためのものであり、「トップダウン型」の上からの構想として行われた。

　本稿の最後には、いくつかの結論的考察を加えた。

1　中国理解のために——荒尾精と根津一の構想

　荒尾精は分析的な思考の持ち主であり、鋭い洞察力と指導力とを兼ね備え、そしてなにより、不屈の精神の持ち主であった。荒尾に関わる東亜同文書院とその中国研究の体系は次の多くの事柄に端を発している。それにはまず、荒尾が拠点を置いた漢口[*3]を舞台に、1886〜89年にかけて展開した中国内部に関する資料収集活動があり、ついで1890〜93年には上海に日清貿易研究所を設立運営したことがあった。さらに、相手が軍関係者であるかどうかに関わりなく、日本各地で聴衆に中国との貿易と中国についての正確な情報の重要性について意識に上せるよう、注意を喚起しつづけた。また、1892年には荒尾自身の代表作となる漢口で収集した中国情報を日本で出版したが、これについては後述する。荒尾は、1896年10月、台湾でコレラに罹り、そのために命を落としたが、その中国研究に対する努力、方法論、そして確固たる使命感は、東亜同文会とその関係者を突き動かし、1900〜01年の間に東亜同文書院が設立されるに至った。荒尾は37歳という若さでこの世を去ったが、この瞠目すべき人物について書かれたものが多く存在している。例を挙げれば、荒尾の生涯と業績とについて極めて詳細にまとめたものとして井上雅二著『巨人荒尾精』[1][*4]、および『東亜同文書院大学史』[2]がある。

　荒尾精は、自身の言葉通り「全体軍人」[*5]としてキャリアをスタートさ

1　井上雅二『巨人荒尾精』佐久良書房、1910（明治43）年、増補版　村上武編、東光書院出版部、1994年。

2　大学史編纂委員会編『東亜同文書院大学史——創立八十周年記念誌』滬友会、1982年、15-22頁。

せた。その後1886年、荒尾自身の要望で参謀本部から中国に派遣され、とりわけ日中貿易の度重なる失敗の原因について調査した[*6]。この使命を果たすため、実際に、荒尾は「全体軍人」から「商工業の周旋役」へと、それこそ一からやり直したのである。「商工業の周旋役」として、荒尾は中国の実際を草の根レベルで理解すること、とりわけ中国国内交易の実務と慣習の理解に、短期間のうちに情熱を注ぐようになった[3]。

　中国に関する知識に欠落が多かったという点は、参謀本部が1886年に荒尾を派遣するにいたるための至極当然な理由であった。しかし実際には、それでも1886年になるまでには、既に中国に関する膨大な知識が日本に蓄積されてはいたのである。1882年以前に出版された書物のうち、特に知られていたものとして内務省地理局による『清国兵要地理志』[*7]がある。中国の外交官姚文棟（1852～1927）[*8]は、1882年に日本に赴任した際、特に日本軍内部での『清国兵要地理誌』への高い評価に驚きを隠せなかったという。上海出身で兵要地誌学の専門家でもあった姚は、同書を中国の国家的安全保障への脅威であると判断した。そして、速やかに『清国兵要地理誌』に対応するものとして、中根 淑（きよし）（1839～1913）[*9]の手になる『兵要日本地理小誌』[*10]の中国語訳を始めた。『兵要日本地理小誌』は軍による初版が1873年に出された後、10種類の版本が出まわったほどであった。姚は、中国語に翻訳したものに注釈を加え、さらに内容を増補したもので、1884年、清朝政府の総理衙門から「兵要」という日本で用いられていた軍事用語[*11]での使い方そのままに、『日本地理兵要』と題して刊行された。しかしながら、1884年、姚の「上司」であり対日外交を統轄していた北洋大臣李鴻章は、姚に対して、日本の地理や戦略に関する資料編纂を中止するように命じた。1894～95年に行われた日清戦争開始直前の10年間、宮廷内の反対派や地方勢力の離反を憂慮する李鴻章は、また内政処理に忙殺されていたことも理由となろうが、驚くべきことに、日本の地理や対日戦略に関する資料は、中国では出版はもちろん、何一つ市中に広まること

3　「全体軍人」および「商工業の周旋役」については、前掲『巨人荒尾精』38-39頁の1889年12月に行われた博多での荒尾の演説を参照していただきたい。荒尾は中国についての広域な見解を参謀本部に復命書（1889年5月）として提出し、軍事的対立よりもむしろ平和的協力の重要性を強調した。またこのことは前掲『東亜同文書院大学史──創立八十周年記念誌』17-20頁においても再三言及されている。

もなかった[4]。李鴻章によるこうした日本についての情報の黙殺は、1894〜95年の日清戦争で兵力としては劣ってはいたものの、清国よりも訓練されていた日本海軍によって北洋海軍が撃破された理由としては、決して小さなものではなかったのである。

いっぽう、その中国滞在中に荒尾は中国に関する日本の知識において専ら不足しているのは「実地」の[*12]、つまり草の根レベルの情報であると確信した[5]。荒尾の足跡をたどる際、必ず挙げられるのが1886年の上海到着と、そこで実業家であった岸田吟香[*13]と早々に出会ったことである。岸田は上海にあった書店と雑貨の小売を兼ねた楽善堂の設立者で、精錡水という特許を取った当時有名な目薬を販売していた。荒尾は漢口に楽善堂の支店を構え、1886〜89年の3年間の仕事を通じて「外国に対等の力を有し、我国威を拡張するには、商工業の発達を謀り、外国より金銭を引きいるゝの手段に越す者あるべからず」であると確信した[6]。荒尾は、当時中国にいた日本人の多くの若者に漢口に集まるよう呼びかけた。そして、集まった者たちを「内員」と「外員」[*14]とに分け、中国全土の出版物から得られる資料情報収集を行い、選り抜いたフィールド調査によってそれを補完するように命じた[7]。その後1889〜90年、荒尾は生涯をかけた新たな使命を果たすため、日本に戻った。それは上海での夢の計画、実際に1890年9月に日清貿易研究所が設立されたことで現実のものとなった。この学校では、中国を学ぶための3年間の実践的カリキュラムが組まれており、そこでは集中的な中国語と英語の修得に加えて、4年目には実地旅行や実地研究が必修で行われた[8]。新たに設置された日清貿易研究所には、同じく軍人出身で参謀本部員として荒尾に次ぐ地位にあった親友の根津一が、荒尾が収集

4　この内容は Douglas R. Reynolds, *East Meets East: Chinese Discover the Modern World in Japan, 1854–1898—A Window on the Intellectual and Social Transformation of Modern China* (Ann Arbor, MI: Association for Asian Studies, Asia Past & Present Series, 2014), pp. 240–41, 245–46, 251–54においても言及されている。

5　荒尾の「実地」、「実地研究」という言葉については、前掲『巨人荒尾精』にある荒尾の博多での演説を参照（「実地」は44、45頁、「実地研究」は40頁）。

6　荒尾精の博多での日本人聴衆に対する演説、1889年12月。前掲『巨人荒尾精』38頁。

7　藤田佳久『日中に懸ける——東亜同文書院の群像』（中日新聞社、2012年3月）32–35頁。そこには、荒尾の漢口での協力者の名前や情報収集の詳細を示す。より詳細には、前掲『巨人荒尾精』18–35頁。

8　詳細については前掲『東亜同文書院大学史——創立八十周年記念誌』29–34頁。

した膨大な中国に関する資料情報を三巻におよぶ代表作『清国通商綜覧――日清貿易必携』に編纂するという巨大プロジェクトの中心となった。『清国通商綜覧』は1892年に東京で出版された[9]。

根津一（1860〜1927）は、その貢献から当然ではあるが、「書院建学の父」として知られている[10]。信頼のおける書物である『東亜同文書院大学史』には、「日清貿易研究所の開設は荒尾と根津の合作である。……もしこの両先覚の出会いがなければ、同文会も同文書院も生まれなかったであろう」とある[11]。

写真2　根津　一

荒尾より一つ年下で才気にあふれていた根津は、士官学校で1879年から1883年のおよそ5年間を過ごし、歩兵科、騎兵科、砲兵科、工兵科といった様々な専門分野を学び、砲兵大尉で卒業した。士官学校時代の1880〜82年の間、根津は同じく士官学校生徒であった荒尾と盟友となる。ちなみに荒尾は歩兵大尉で卒業している。この間、将来の日中関係とロシアの脅威について、強い憂慮の念をともにした二人は、荒尾が中国に赴いている間も交流を絶やさなかった[12]。1889年、荒尾は中国から帰国した際、同年5月10日に参謀本部に長編の要旨報告（「復命書」）を提出した。そして、そのまま軍を退役して本格的に貿易に身を投じ、根津を最も重要な僚友とした荒尾は、日清貿易研究所の設立と運営に努めた。1890年9月、日清貿易研究所創立の際、根津は軍から当研究所へ出向する辞令を受け、代理所長[*15]として、荒尾と「一心同体」の活動を展開した。根津は、破綻しがちな学校運営資金を調達するために頻繁に日本に出かける荒尾にかわって、学校の運営に努めた[13]。こうして荒尾と根津の絆は研究所を通して強

9 　『清国通商綜覧』の詳細については藤田佳久『東亜同文書院生が記録した近代中国の地域像』（ナカニシヤ出版、2011年）12〜51頁。
10 　前掲『東亜同文書院大学史――創立八十周年記念誌』245頁。
11 　同上書26–27頁。
12 　同上書24–28頁、245–46頁は根津について最適な説明をしている。
13 　前掲『東亜同文書院大学史――創立八十周年記念誌』28、32および249頁。

固になり、荒尾の天分と根津の中国内地における実践的な教育経験そして前身としての日清貿易研究所なくして、東亜同文書院の存在は想像することすら不可能である。

　グローバルな視角から見ると、荒尾と根津の二人は、突如出現したかのように見える。そして、明治初期の日本に数多く登場した瞠目すべき人物のモデルとも言うべき人物であった。二人とも、軍内の下級将校からその頭角を現し、士官学校で優秀な成績を収め、参謀本部に勤務することになったのである。しかし、中国とアジアに対して共通の危惧の念を抱いた両者は、ともに安定した軍人エリートとしての立身出世の道を放棄し、中国での貿易と若者の教育という先行き不透明な未来へと突き進んだのである。繰り返すが、グローバルな視角から見ても、荒尾と根津の払った「犠牲」は記憶さるべきものである。

2　日本での学生募集

　1889年、荒尾精は中国における貿易実務に関するビジネススクールという理念を訴え、私心なく天下国家のために働こうとする実業家と地方の役所に対し、将来あるビジネススクールの生徒が卒業後日本に帰国し、とりわけ日清貿易振興のために働けるよう、学費資金援助を訴えた。旅の最後に、荒尾は中央政府トップ官僚の紹介状を持って、多くの大都市や県庁所在地を訪れている[14]。各地方で温かく歓迎されはしたものの確実な資金集めに失敗した荒尾は東京へ、そして軍に戻った。しかし、そこでも約束されていたはずの政府からの資金援助は、政府方針の転換*[16]のため破談となってしまう。1890年9月の日清貿易研究所開設のためには、さらなる軍および政府への訴えを続けながら、荒尾と根津は個人の資産をも投じたのであった。その結果、第1期生として150人の学生が集まったが、そのうち公的に資金援助を受けた学生、すなわち公費生は、石川県および福岡県の両県から参集したわずか10名ほどであった[15]。

14　前掲『日中に懸ける——東亜同文書院の群像』35-37頁では、荒尾が政府高官に書簡を送り、訴えていたことに言及している。
15　前掲『東亜同文書院大学史——創立八十周年記念誌』23-24頁。

枠の外を見よ

　1893年6月、89人の生徒が成功裡に卒業したものの、日清貿易研究所は一貫して財政難に見舞われていた。そのため、荒尾はやむなく研究所を閉鎖し、日本へ帰国せざるを得なかった[16]。翌1894年8月、朝鮮半島での政治不安が日本と中国を戦争へと駆り立て、日清戦争へと引き込むこととなった。しかし荒尾精は日本の強硬派の戦争目的に反対し、民衆の支持するこの戦争に対して、ともに戦うことを拒否するという勇気ある行動に出た。戦争に加わる代わりに、荒尾は京都の禅寺若王寺[*17]にこもって思索に耽り、戦争についてのいくつかの議論をまとめ、永続的な平和への願いを書きしるした[17][*18]。一方、軍人として現役であった根津は戦争に全面的に関わった。根津は日清貿易研究所の卒業生だけでなく漢口で荒尾に協力した者たちを集め、総計70名以上が通訳や間諜として従軍したが、うち9人は清国軍に捕えられ、処刑された（「九烈士」）[*19]。若者に命を失わせた自責の念とその償いの念から、四年半の間、根津は若王寺で隠棲の日々を送り、修行を重ねた[*20]。根津が若王寺を出たのは、1900年3月、東亜同文会創設者であり初代会長となる侯爵近衛篤麿（1863～1904）が、根津に対して同会幹事長着任[*21]、そして新たに設けられる南京同文書院院長に就任するよう要請してきたためであった[*22]。根津の人望と手腕とによって、1900年5月の日中両国が支援しての学校設立が実現し、そして同年8月治安上の理由[*23]から、南京同文書院の上海移転に道を開くことになった。そして1901年5月、上海に移った南京同文書院は、東亜同文書院と改称した。この後、この年に在籍していた学生を「第一期生」とする[18]。

　ところで、1889年、荒尾精は日清貿易研究所の学生を全国各府県の公的資金による奨学金制度を利用して集めようとし、政府高官からの紹介状を得ていた。東亜同文書院開設にあたって、書院の公的支援者である東亜同文会も同様の方法を取った。1899年12月、尊敬を集めていた東亜同文

16　Peter Duus, Ramon H. Myers, Mark R. Peattie ed., "The Japanese Informal Empire in China, 1895–1937" (Princeton, N. J.: Princeton University Press, 1989) 所収の D. R. Reynolds, "Training Young China Hands: o-A Dobun Shoin and Its Precursors, 1886–1945," pp. 218–21. では、日清貿易研究所の継続する財政難を脚注に引用を入れながら詳細を記している。

17　前掲『東亜同文書院大学史——創立八十周年記念誌』19–20頁。

18　Ibid., Reynolds, "Training Young China Hands," pp. 221–24, pp. 230–33. では、脚注に引用を入れながらこれらの様々なポイントについて述べている。

写真3　近衛篤麿

会会長近衛篤麿は、43の府県[*24]に書簡を送り、新しく中国に設ける学校の目的を説いて「県（府）費を以て年々二、三名以上の留学生を御派遣相成」たしとして、3年間で年間240円の学費や経費を支援するよう求めたが、結果は思わしくなかった。1900年に公費で学生を送り出したのは広島県、熊本県、佐賀県のみ[*25]であった[19]。しかし、南京同文書院が上海に移転し、東亜同文書院と改称した後の1901年度の「第一期生」に関しては、根津一本人が先頭に立って、より積極的に学生を募集した。『巨人荒尾精』の著者井上雅二もその一人である5人のベテラン[*26]が日本の主だった地域のいたるところに派遣され、学生募集にあたった。その結果、1府16県から51人の公費留学生と、4人の私費留学生合計55人の入学志願者が集まり、前年のわずか20人から大幅に増加した[20]。また、東亜同文書院の評判が広まるにつれ、さらに中国が日本の経済や政治そして生活に枢要な位置を占めるにつれ、いっそう多くの県が学生を支援するようになった。実際、厳正な審査・選抜を経た公費留学生は、とりわけ優秀であった[21]。ほぼ全国各府県から書院生が輩出されていたことは、藤田佳久による2つの地図に見事に示されている。これは1917〜40年にわたる16期から39期、そして1941〜47年までの40期から46期の学生に対するアンケート調査に基づいたものである[22]。

　私がこの論考において検討した研究課題は、ある疑問から始まった。それは、荒尾と根津が展開した全国各府県を通して学生を募集するという方

19　生徒募集活動、結果そして近衛の手紙については前掲『東亜同文書院大学史——創立八十周年記念誌』79–80頁に詳細が記されている。1897年故荒尾精の盟友3名との面会後の東亜同文会設立に際して近衛の初期の行動については、Ibid., "Training Young China Hands," pp. 224–25.

20　前掲『東亜同文書院大学史——創立八十周年記念誌』79、86および397–402頁。

21　同上書90頁。

22　藤田佳久「東亜同文書院卒業生の軌跡——東亜同文書院卒業生へのアンケート調査から」『同文書院記念報』VOL. 9、2001年3月、18–19頁。

法は、はたして日本で「初めて」のものであったのか。他の教育機関で同じやり方を試みたところはなかったのか、というものであった。これに対する答えはいまだ見出し得ていない。各府県からの選抜を通じた全国規模の学生募集は、荒尾精・根津一や他の協力者達の独自性をあらわす概念にとらわれない考え方、すなわち「枠の外を見た」構想の一例かもしれない。

3 東亜同文書院における中国研究の方法論——「地域研究」プログラム

　私は、1986年に発表した"Chinese Area Studies in Prewar China: Japan's Tōa Dōbun Shoin in Shanghai, 1900–1945"の中で、日清貿易研究所および東亜同文書院を世界初の地域研究における方法論の実例であると述べた。また、その論文の中で「地域研究」と判断されるために必要な5つの特徴を挙げている。それは、1）言語研究、特に現在通用している話し言葉と書き言葉の用法に焦点を当てていること、2）地理学的に見た地域の現代的側面に焦点を当てていること、3）社会科学に区分される経済学、地理学、歴史学、政治学、文化人類学および社会学、そして人文科学分野に区分される言語学、文学、哲学、宗教学そして芸術学など多方面にわたる総合的な学際的アプローチであること、4）多く言語にわたる豊富な蔵書を有する専門図書館を有すること、5）言語と研究目的に即したのフィールドワークを行っていること[23]。

　地域研究は、第二次世界大戦後のアメリカ合衆国で一般化した用語である。しかしながら、アメリカと日本の地域研究は、その歴史を著しく異にしている。最も基本的な違いはそれらの起源にある。日本の研究はボトムアップ型の草の根レベルから始まり、考察、経験に土台を置いている。そうした方法論は、「一心同体」であった盟友根津一の協力を得た荒尾精が関わったことに端を発するものである。それに対して、アメリカの地域研究はトップダウン型であり、第二次世界大戦後の国防に対する危機感と焦

23　D. R. Reynolds, "Chinese Area Studies in Prewar China: Japan's Tōa Dōbun Shoin in Shanghai, 1900–1945," *The Journal of Asian Studies*, Vol. 45, No. 5 (Nov. 1986), pp. 945–970.「地域研究」の定義については、同書pp. 946–47、東亜同文書院の当該5項目の適用に関しては同書pp. 954–64.

慮に由来している。日本の場合のように教育面あるいは貿易面での必要から生じたものではなく、国家安全保障面の必要性から、そして戦時期の1942年6月に設立された情報機関である戦略諜報局（OSS）*27によって産み出されたのである。

　1945年以降、ソビエト連邦の脅威を、そして1949年以降は中華人民共和国がそこに加わる脅威を感じたアメリカ政府は、名だたる大学に対して公的資金を、そして時には機密資金を注入した。そのうちのいくつかはOSSの後身である戦後の中央情報局（CIA）などの情報機関と、公然化しえない関係にあった。1989年の冷戦終結と1991年12月のソビエト連邦の崩壊によって、脅威の中心であった冷戦期の共産主義が消え去った。アメリカにおける戦略的思考は、国境を定義する「地域」からボーダーレスのグローバリゼーションへと移り、アメリカの最新の戦略的利益と国境を越えた協力を見据えたものとなった。この国境ありきであった従来の思考からの発想転換により、多くの大学における地域研究プログラムは、大学、各種基金そして政府支援の削減に直面し、存続が危ぶまれる状態に陥った。

　地域研究の本質とは何か、それが現在置かれている状況はいかなるものかという課題は、ここ最近の中心的な議論の的となっている。そのうちいくつかの主な見解が、著名な大学で研究を続けている3人の先達によって、思慮深い考察として見事に示されている。朝鮮研究者であり、特に朝鮮戦争についての鋭い分析で最もよく知られているシカゴ大学歴史学教授ブルース・カミングス（Bruce Cumings, 1943–）は、地域研究全般について慎重に検討し、アメリカ軍における軍事的目標と方針とに焦点をおいた、地域研究の資金調達の歴史に関する論文を公表している。それは、"Boundary Displacement: The State, the Foundations, and Area Studies during and after the Cold War" は極めて有用であり、一読に値する[24]。またこれとはスタンスが非常に異なる論文であるが、「アメリカにおける社会科学と人文科学との脱細分化」について、地域研究の実際の貢献を論じたのはカ

24　Masao Miyoshi（三好将夫）, H. D. Harootunian ed., "Learning Places: The Afterlives of Area Studies" (Durham and London: Duke University Press, 2002) 所収の Bruce Cumings "Boundary Displacement: The State, the Foundations, and Area Studies during and after the Cold War," pp. 261–302.

リフォルニア大学バークレー校のデヴィッド・スザントン（David L. Szanton, 1938–）による "The Origin, Nature, and Challenges of Area Studies in the United States" である[25]。そして、第三の論文はスタンフォード大学社会学部アンドリュー・G・ウォルダー（Andrew G. Walder, 1953–）教授による "Introduction: The Transformation of Contemporary China Studies, 1977–2002" である。その中では、政治学、社会学、経済学の分野における現在の中国研究の置かれた状況が「奨励され」ているものであり、「楽観的」であることを記している[26]。ウォルダーはその論文の中で、「政府が出資し帝国の目的のために知的専門家たちを訓練することを目的とした冷戦装置[*28]の陳腐化したカリカチュアに誘惑されないためにも、大部分とまではいえないにしても、多くの学生が1966年から10年間中国研究に魅せられ、ベトナム反戦運動や毛沢東の支配する中国におけるイデオロギー的熱狂に強い興味を持ったことに始まったことに留意すべきである」と述べている[27][*29]。

　これらを概観すると、以下の有意義な見解が示されていることが理解される。まず最初に、冷戦期の地域研究における国家安全保障という狭義の目的が強調されたこと、ついで「ヨーロッパやアメリカの枠を超えた社会と国家を形作る特徴的な社会的かつ文化的価値、表象、構造、原動力」に関わる地域研究の幅広い肯定を力説したこと[28]、そして第三に「学問分野としての中国学」についての楽観論とそれがいかに経済学、社会学さらに

25　David L. Szanton ed., "The Politics of Knowledge: Area Studies and the Disciplines" (Berkeley: University of California Press, 2004) 所収の David L. Szanton, "Introduction: The Origin, Nature, and Challenges of Area Studies in the United States," p. 2. 全編は下記サイトにて閲覧可能。http://www.escholarship.org/uc/item/59n2d2n1. John D. Goss, Terence Wesley-Smith ed., "Remarming Area Studies: Teaching and Learning Across Asia and the Pacific" (Honolulu: University of Hawaii Press, 2010) も有用である。そこには、その成果は限定されているものの地域研究の理論や実践の再構築への取組みが記されている。David Ludden, "Area Studies in the Age of Globalization," *Frontiers: The Interdisciplinary Journal of Study Abroad VI* (2000 Winter) pp. 1–22. 広く言われている概念やアプローチについては、Arjun Appadurai ed., "Globalization" (Durham, N.C and London: Duke University Press, 2001) 所収の "Grassroots Globalization and the Research Imagination," pp. 1–21.

26　Ibid., David L. Szanton 所収の、Andrew G. Walder "The Transformation of Contemporary China Studies, 1977–2002," pp. 314–340. Walder の「支援」、「楽観」の言葉の使用については、p. 315.

27　Ibid., p. 340 n. 3.

28　Ibid., David L. Szanton, p. 2.

政治学に寄与したかを明らかにしたことである[29]。

　自分自身を例に挙げると、1965〜1976年の間、私はコロンビア大学で地域研究の学問的訓練を受けた。その中には、歴史学の要素が含まれていた。荒尾精が1894〜95年の日清戦争で戦うことを拒んだように、私も恥ずべきアメリカのベトナム戦争への従軍を拒否した。自分自身の信条として、私は政府のスパイとしては働かないし、またアメリカ帝国主義や当時の選択的戦争[*30]の中で、著しく国際法を犯している軍産複合体政府には反対である。多くの場合、公然もしくは非公然のアメリカの軍および諜報機関の活動によって、選択的戦争が誘発されている。スザントンやウォルダーと同じように、私の地域研究は政治的制約を受けるものではない。私の知る限り、同じ地域研究の分野でそうなっている者はほとんど見かけることはないが、私は教授し、また研究する際、冷戦後そして9.11後のアメリカの軍事化された国家安全保障の道具にならないように努めている。

　カミングスの批判は現実的であり、納得すべき内容である。というのも、軍や政府から地域研究に対して長年にわたり資金がもたらされ、極秘プロジェクトにも資金が投入されるきっかけとなったのが、冷戦期以来の戦略的配慮であったからである。同様の戦略的配慮は現在のアメリカ合衆国連邦政府の1991年の国家安全保障教育法（NSEA）[*31]、および国家安全保障教育プログラム（NSEP）[*32]の背景となっており、これらは「未来の国家安全保障のためのすべての力量を引き寄せ、雇傭し、さらに訓練するための9つの重要な取組みを管理している」[30]。NSEAやNSEPは好戦的ではあるが、忘れてはならないのが冷戦時代の研究が「アメリカ・ヨーロッパ中心の世界観からの脱却」[31]というスザントンの目的に、曲がりなりにも貢献し、また地域研究が社会学、政治学、経済学を豊かにし続けていることである。実際、第二次世界大戦後の研究を抜きにした今日のダイナミックな世界史や国際的分野の研究は、想像できない。国防戦略のために誕生し

29　Ibid., Andrew G. Walder, pp. 333–336.
30　「国家安全保障教育プログラム」については、以下に示したサイト参照。http://en.wikipedia.org/wiki/National_Security_Education_Program（2014年11月30日にアクセス）このサイトでは、「外国文化や言語を理解し、効果的交流を実現する国家能力を向上させることでアメリカの国家安全を確保する」ために創られた9つのイニシアチブを挙げている。
31　Ibid., David L. Szanton, p. 2.

枠の外を見よ

たアメリカの地域研究ではあるが、それは教育全般そして多くの学問分野に積極的な影響を与えたのである。

　話を日本に戻すと、東亜同文書院およびその前身である日清貿易研究所における地域研究の方法論の再検討は、当時の日本には中国とその実務貿易に関する知識が欠けているとの荒尾精の理解に立ち返ることになる。1889〜90年にかけて、中国から日本に帰国した荒尾は、中国との貿易関係が日本の長きに渡る繁栄の要となると考え、そこには若者が中国語（通弁対話 [41]*33、支那語 [45]）と英語 [45]、現地の習慣（習慣風俗 [39]、風土人情 [39]、風俗慣習 [41、42]、風俗人情 [45]）、中国の通貨、衡量単位（41、45）、製品（物品 [42、45]）、貿易実務（無法の商法 [41]、支那内地商業上の実際 [42]）、そして取引や価格交渉（販売の掛引 [45]）を学ぶことが必要であると訴えた[32]。これらのテーマは非常に優れたものであり、当時としては時代を先取りしたものであった。これらの多くは日清貿易研究所の1890年の一年次の教育カリキュラムに取り込まれた[33]。そしてさらにこれは1901年東亜同文書院での一年次の教育カリキュラム[34]、さらに1930年3月の東亜同文書院における4年間の教育カリキュラムに発展した[35]。アメリカにおける今日の国際ビジネスを目的とした地域研究と比較すると、東亜同文書院の教育カリキュラムは徹底して細部まで網羅し、厳格かつ系統的であり完璧なものである。というのも、アメリカのビジネスコースは目標に向けて早道をとり、かつ世界のビジネスマンは全て英語を話すという前提に立っているからである。東亜同文書院の中国研究の方法論は優れたものであり、そこに残された業績やその意図するところ、そしてその有効性などは眼を見張るべきものである。

おわりに

　最後に、いくつかの考察を加えて本稿を閉じたい。

32　以上の用語は、前掲『巨人荒尾精』38-47頁所載の、1889年12月博多で行われた荒尾の演説から引用。
33　前掲『東亜同文書院大学史――創立八十周年記念誌』31頁。
34　同上書728頁。
35　同上書132-33頁。

1901年以降、書院生の大多数は府県の公費や東亜同文会、外務省といった外部からの資金援助を受けていた。一方、学校運営費のほとんどは国費でまかなわれていた。つまり学生は教育を無償で受けていたのである。この「無償教育」*34にも関わらず、卒業生には支給された費用を返済する義務が課せられていなかった36。荒尾精の考えでは、この無償の教育こそ貢献にほかならなかったのである。1889年、博多の地で、荒尾は書院の卒業生たちが広く実業界や貿易の世界で活躍するであろうと主張した。職務を通じて、書院の卒業生たちが日本経済を確固たるものとすることに裨益し、日本の国威を発揚し、またアジア諸国の多くの港に日の丸を掲げ、日本を「東洋の英国」へと発展させることを期待していたのである37。「無償教育」への恩返しの例としては、荒尾自身が好例であった。軍において無償の教育を受けた彼は「全体軍人」となったが、1889年に軍を退役した。しかし軍を退役してからの方が、かえって荒尾の祖国への貢献はさらに大きいものとなった。これと同様に、荒尾は新しくできた東亜同文書院の卒業生たちも、それぞれ異なる働き方であれ、祖国に寄与することを確信していた。それゆえ、学費や諸経費の返済は問題ではなかったのである。

　冷戦期、アメリカ合衆国政府の出資で行われた言語や地域に関する研修も、東亜同文書院と同様に職務上の成果があると信じられていたので、費用の返済は一切求められなかった。いかなる業務であれ、人々の知識を拡大し国益を守るのに有用であると考えられていた。しかし、状況は変わってしまった。冷戦終結後の新たな世界において、アメリカの1991年国家安全保障教育法の下、言語や地域に関する研修への連邦奨学金には交換条件が付け加えられるようになった。国家安全保障教育プログラムは学部学生と院生のうち、連邦奨学金受給者に対し「支給された期間の1〜3倍の間、教育分野における奉仕もしくは社会奉仕が求められる」としている38。NSEPの9つの重要な取り組みのうちの1つは「支援貢献として、奨学金受給者は条件に適合した国家安全保障での業務に少なくとも1年間は従

36　同上書73頁、未払い金については90頁。
37　同上書45–46頁。
38　Ibid., Cumings "Boundary Displacement," p. 283.

事することに同意するものとする」と定めている[39]。

　多くの東亜同文書院卒業生は、日本政府あるいは日本軍に勤務して、日本の帝国主義戦争と帝国主義拡大の一端を担った。それは決して無償教育への代償ではなかった。しかし、今日のアメリカの帝国主義はそれを凌駕するものである。

　アメリカを見ると、世界の大半を支配して半世紀以上経った今、あたかも傷ついた猛獣のようにふるまっている。極端なまでの妄想にとりつかれた現在のアメリカは、武装した国家安全保障によって、外国人「テロリスト」を標的とし思いのままに殺すだけではなく、自らの国民さえ犠牲にしてしまっているのだ。このシステムの構造は、強力でありながらほとんど統制されていない軍産複合体が、腐敗した選挙資金調達システムを利用して合衆国の政治家[*35]を「買収」していることに基づいている。当選した政治家は次の選挙でも資金提供を受けるため、支援者の意向に沿った諸法案を通そうとする。海外では、武器製造業者やその政治的操り人形たちが支援する中、未熟な部隊が急遽編成・配備されている。この最新の帝国主義を終わらせるには、地域研究の専門家がやはり必要なのだ。しかし地域研究の情報を伝える声には、資金も権力も攻撃的といえるほどの影響力がない。

　実際に、アメリカは迷路をさまよっている。2001年9月11日以降の国家からの言説の多くは、不確かな妄想と浅はかなイデオロギーに偏っている。(驚くべきことに、ほとんどのアメリカ人が、「安全保障」の宣伝や中東のイスラム過激派が「アメリカの生活」や「アメリカの自由」を嫌っているという馬鹿げた主張に洗脳されてしまっている。そうした事実は、まったく存在しない。中東のムスリムが嫌っているのはアメリカ帝国主義であり、とりわけアメリカによる抑圧的な産油国への支援なのである。)

　私がとかく考えることは、アメリカ国内での暴力を減らし、銃を減らし、最も富裕な1パーセントと没落しつつある中産階級との社会的経済格差を縮小すること、そしてより良いそして平等な教育、より良い健康管理であり、砂糖や遺伝子組み換え農作物、健康に害のある加工食品への公的助成

39　Ibid., "National Security Education Program."

の縮減である。

　根津一は、儒学と仏教双方を融合させた自身のものの見方を好んで学生に説いたという。それは倫理であり、『大学』[*36]にいたる三つの根本的な道、すなわち最も高い価値を知ること（「明徳を明らかにす」）、民を愛すること（「民に親しむ」）、最高の善にいたること（「至善に止まる」）である。とりわけこの根津の思想をより生かすことが必要なのではないだろうか[40]。

訳注

- [*1] 荒尾精（1859〜1896）、岸田吟香（1833〜1905）の支援で漢口楽善堂開業、中国研究の先鞭をつけ、その嚆矢として中国調査の人材養成を開始、日清貿易研究所に発展させ、東亜同文書院の基礎を築く。
- [*2] 根津一（1860〜1927）、東亜同文書院初代院長、荒尾の中国研究と人材育成を支援。
- [*3] 漢口は長江中流域の交通の要衝で経済の中心であり、これをレイノルズは、「中国の大阪」と形容している。
- [*4] 同書は、「侯爵桂太郎」の序文が付せられている。なお井上雅二（1877〜1947）は、兵庫県出身、東亜会での活動の後、1898年11月に同文会と合流して成立した東亜同文会では幹事を務めるなどし（『東亜同文書院大学史——創立八十周年記念誌』滬友会、1982年、49頁）、さらに南洋協会設立にも参加している。井上雅二に関しては藤田賀久「近代日本のグローバリスト井上雅二——その人物像を中心に」（『多摩大学紀要』16号、2014年3月）がある。
- [*5] 原文：total military man. 荒尾は自ら「全体軍人にて参謀本部に奉職」（井上『巨人荒尾精』38頁）と述べる。
- [*6] 荒尾自身は「軍人社会を脱し、商工業者の御中間入り」を希望したが、参謀本部はこれを許さず、帰国後の「復命書」をもって、漸く退役が認められた（藤田佳久『日中に懸ける——東亜同文書院の群像』中日新聞社、2012年、30頁）なお、軍との関係が完全に断ち切れていなかったことが、荒尾評価を難しくする一因となっている。レイノルズの解釈では、参謀本部が荒尾を中国に派遣したことになる。
- [*7] 金窪敏知「陸地測量部から地理調査所へ」（『地図』Vol. 52, No. 1、2014年）には、陸地測量部終焉時の状況が詳しい。
- [*8] 姚分棟（1852〜1929）、江蘇嘉定県出身。1877年、清朝政府が東京に公使館を設けた際、何如璋公使とともに公使館随員として赴く。帰国後、日本の動きに警鐘

40　前掲『東亜同文書院大学史——創立八十周年記念誌』89-91頁。これらの根津の信条についての解説は同書718-26頁所載の1903年9月14日の根津の「古本大学」講義、および1903年11月4〜5日の2つの講義を参照。

枠の外を見よ

を鳴らす。江蘇師範学堂校長など。地理学者(陳捷「姚分棟在日本的訪書活動」『中国典籍与文化』2012年1期、2012年6月)。

*9 中根淑(1839〜1913)、漢学者、日本語文法学。旧幕臣として長州征伐に参加、1873年新政府参謀本部に出仕、陸軍少佐。1886年退役。山田美妙らと交流。

*10 日本における科学的地誌学の嚆矢とも言うべきものであり、世界の中の日本という問題意識から編集されていることは明らかであり、「此書陸軍軍人の為に設く」とある。戊辰戦争終結後の明治初期、内乱を想定しての著作であった。多くの地図・図表を掲載し、地勢や風土に関して地域別、項目別に詳述している。

*11 「兵要」とは、「軍事の枢要」の意。諸橋轍次『大漢和辞典』には、『左伝』『後漢書』『魏志』の用例があげられている。大槻文彦『大言海』には、項目として取り上げられていない。

*12 原文："real China"

*13 岸田吟香(1833〜1905)、美作生まれ。本文にもあるように目薬「精錡水(せいきすい)」を発明、中国で販売。眼病患者の多かった中国で好評を博していた。また、医療伝道宣教師であったヘボン(J. C. Hepburn, 1815-1911)の『和英語林集成』編纂に協力、1873年東京日日新聞主筆、1877年銀座に楽善堂を開き同紙を販売、上海に楽善堂を設け同紙とともに「精錡水」を販売。

*14 荒尾は、集まった者たちを楽善堂の構成員「堂員」と呼び「同志」として遇した。「堂員」のリーダーを「堂長」と呼び、「堂員」を事務担当の「内員」、現地調査担当の「外員」とに分け、業務を分担した(前掲藤田佳久『日中に懸ける——東亜同文書院の群像』35-37頁)。

*15 同上書76頁では「研究所監督」。同書によれば、根津はこの時はじめて中国に渡っている。

*16 この時、開設されたばかりの第一議会において、「自由・改進両党の合同勢力が、政府の財政政策を攻撃したため、予算の大幅削減を強いられ、約束の補助金支出は実現できなくなり」(前掲『東亜同文書院大学史——創立八十周年記念誌』32頁)。

*17 浄土宗西山禅林寺派。京都府相楽郡精華町大字南稲八妻小字北尻70番地。行基の建立という。

*18 レイノルズは、主に荒尾の「復命書」を参照してここでの議論を展開している。荒尾は、日清戦争中に「対清意見」「対清弁妄」を著して戦争そのものに反対して経済提携を説き、さらに戦後には「講和条約に対する鄙見」を公表して、領土割譲要求などを批判している。これらについては村上武『日清戦勝賠償異論——失われた興亜の実践理念』(書肆心水、2015年4月)が原典資料および解説を収めている。

*19 「征清殉難九烈士」。漢口楽善堂出身者3名、日清貿易研究所卒業生6名。彼らは、川上操六の依頼による根津の呼びかけに応え、志願して参加した。レイノルズは「スパイ」としているが、本来はすべて軍事通訳として動員された者であり、情報収集は本来業務ではなかった。捕縛した清朝側の処刑理由として「間諜」があげられている。「通訳」では処刑理由とならないからである。

*20 この間、根津は参禅と元盛岡藩校助教太田代東谷（1834〜1901）から儒学の講義を受け、研鑽を積んだ（前掲『日中に懸ける――東亜同文書院の群像』76頁）。

*21 根津は第三代幹事長。初代は陸実（羯南）、二代目は佐藤正（前掲『東亜同文書院大学史――創立八十周年記念誌』59頁）。

*22 根津は、東亜同文会幹事長の任には1900〜14年まで、同文書院院長には1900〜23年まであたった（前掲『東亜同文書院大学史――創立八十周年記念誌』59頁）。

*23 義和団事件の余波を避けるため、とされている。

*24 各府県知事および府県会議長に勧誘状を送り（前掲『東亜同文書院大学史――創立八十周年記念誌』79頁）。

*25 総計数名であった（前掲『東亜同文書院大学史――創立八十周年記念誌』79頁）。

*26 関東地方は小川平吉、東北6県は三谷末治郎、北陸は田鍋安之介、九州は郡島忠治郎、近畿・山陽・四国・静岡が井上雅二（前掲『東亜同文書院大学史――創立八十周年記念誌』86頁）。

*27 Office of Strategic Services, 1942-1945. CIA（中央情報局）の前身。CIAの公式サイトで概要を知ることができる。中国におけるOSSの活動は、Maochun Yu, "OSS in China: Prelude to Cold War," Yale University Press, 1996. 参照。大戦中のOSSの資料は、一部が既に公開されている。

*28 原文：Cold war machine

*29 この間の研究状況についてはP. コーエン、佐藤慎一郎訳『知の帝国主義――オリエンタリズムと中国像』平凡社テオリア叢書、1988年、"Discovering History in China: American Historical Writing on the Recent Chinese Past," Columbia University Press, 1984. が詳しい。日本でも、1960年代前半、フォード財団からの研究資金受入をめぐって、東洋史研究者などの間で論争があった（「物議をかもすフォード財団資金供与による東洋文庫の近代中国研究」『アジア経済旬報』511号、中国研究所1962年8月1日）。

*30 原文：wars of choice. 必然的に戦争に突入するという"Wars Of Necessity"と対になる概念。イラク戦争に際して、Haasが "War of Necessity, War of Choice: A Memoir of Two Iraq Wars," Simon & Schuster, May 2009. で用いている。

*31 National Security Education Act of 1991.

*32 National Security Education Program.

*33 前掲『巨人荒尾精』のページ数を示す。以下同じ。
*34 原文：giveaway
*35 原文：politicians
*36 本来は四書の一つである『大学』だが、原文では The Great Learning と直訳が記されている。

根岸佶と中国ギルドの研究

石井知章

はじめに

　個人の自由と平等を基礎にした市民社会が形成され、基本的人権が基準となって社会が構成されていれば、ここには近代社会の規範意識が多かれ少なかれ、貫徹しているといえる。これに対して、その貫徹が不十分であったり、そもそもまったく存在しなかったりした場合には、個々人は相対的、あるいは絶対的に生存をおびやかされるという危険に晒されることとなる。中国の「前近代的」社会においてこれを回避するためには、結集し得る範囲の者が仲間同士で団結し、いわば集団的利己主義によって、自らを守る以外に方法はなかった。だが、こうした集団的利己主義は、本来的に「公共性」を中心概念として成立している市民社会とは両立し難い。というのも、フランス革命の際にギルドが禁止されたように、そもそも近代社会は中世的な「仲間的結合」を排除しようとする性質を帯びているからである。とはいえ、仮に市民社会に徹しようとしても、中国の「前近代的」構造がこれまでさまざまに繰り返された「革命」や「改革」によって一夜にして消滅し得るほど脆いものではなかったことは、すでに歴史が証明していることである。また何が「前近代的」かについての正確な知識がなければ、そもそもそうした社会の変革のための基本的戦略を企図することも困難であろう。

　根岸佶（ねぎし　ただし、1874〜1971年）は、戦前から戦中、さらに戦後にかけて、こうした「前近代的」社会集団の特性を象徴的に表しているギルドの研究に取り組んだ中国研究者であり、近代社会的規範意識のもとで中国社会の「前近代的」性格を鋭く摘出しつつ、戦後初期における中国

社会経済史学の発展に大きく寄与した碩学である。戦前・戦中には、『支那ギルドの研究』(斯文書院、1932年)、『支那及満洲の通貨と幣制改革』(東亜同文会、1937年)、『支那経済論』(新経済学全集別巻：日本評論社、1941年)、『華僑襍記』(朝日新聞社、1942年)といった重厚な著作をまとめ、すでに中国学界での泰斗としての地位を確立していた根岸は、戦後には『中国社会に於ける指導層——中国耆老紳士の研究』(平和書房、1947年)、『買辨制度の研究』(日本図書、1948年)、『上海のギルド』(日本評論社、1951年、のちに大空社から復刊、1998年)、『中国のギルド』(日本評論新社、1953年、のちに大空社から復刊、1998年)などの著作を次々と世に問い、「前近代」中国社会経済研究のなかでも、とりわけギルド研究の第一人者としての地位を揺ぎないものにしていった。ここでは、その生涯を概観しつつ、戦前の主著である『支那ギルドの研究』(1932年)に基づいて、さらに戦後、それまでの周辺諸研究を集大成しつつまとめられた『上海のギルド』(1951年)と『中国のギルド』(1953年)という2冊の著作に内在し、そのギルド研究の特質と現代的意義について検討する。

1　その生い立ちと中国研究者としての生涯

　根岸佶は1874年、和歌山県和歌山市の士族の家に生まれ、1889年、和歌山県尋常中学校(現和歌山県立桐蔭高等学校)に入学した。その翌年、日清貿易研究所(のちの東亜同文書院)の創設者、荒尾精による中国についての講演を聴き、その後の中国への関心を深めていくきっかけとなった。1895年、同中学校を卒業すると、家庭の事情により、念願であった日清貿易研究所への入学を断念し、同9月、上京して高等商業学校(現一橋大学)本科に入学した。1899年、高等商業学校本科を卒業すると専攻部に入り、貿易科に属する。専攻科では、三浦新七らとともに月刊雑誌『商業世界』を編集執筆し、同文館から刊行した。中国貿易を専攻し、研究資料を得るために、この頃から中国関係の先覚者、近衛篤麿によって1898年に創設された東亜同文会に出入りするようになる。

　卒業に先立って、研究資料収集のために中国に入ったものの、義和団事変直後の混乱で、この訪中で得るものはほとんどなかった。その後、中国

の水運についての卒業論文をまとめると、ほどなく東亜同文書院教授への就任が内定する。1901年に同校専攻部貿易科を卒業すると、同年8月、根津一が日清貿易研究所に倣って設立した東亜同文書院の教授として上海に赴き、その創立（1901年）に大きく貢献した。当時は、院長、教頭のほか、教授は3人しかおらず、根岸はその創設期にあって、同学院の運営にきわめて大きな役割を果たしていた。とりわけ、当時の書院長、根津一のもとで最初に着手したのは、中国経済事情の実地調査の準備であった。とくに中国語の得意な上級学生を動員して、組織的に実地調査することの必要性を根津院長に提言した。その実現のために、外務省から3万円の補助金を獲得し、7年間の夏季休暇中に全18省への調査を実施させ、その結果まとめられた報告書を『支那経済全書』（全12輯）として刊行している。当時の日本では、中国の経済・商業の実際に関する知識が乏しかったことから、これらの実地調査は貴重な実証研究として高く評価された。

　根岸はおなじ頃、『清国商業綜覧』や『支那交通全図解説』も出版しており、中国の商工事情研究におけるパイオニア的存在であった。なかでも、そのギルド研究は著名であり、当該テーマをめぐる実証研究として、日本での最初の基礎を築いた人物であるといえる。戦後日本における中国研究の重鎮である今堀誠二は、「ギルド資料のコレクションを作ったのは根岸氏を最初にして最大とするが、恐らく中国や欧米でもこうしたコレクションを十分にこなす事は、用語や条件が特殊であるだけに、上海事情に就いて豊富で具体的な知識を持ち合わせている博士をおいて、他に適任者を見出す事は出来ない」ときわめて高く評価している[1]。

　1907年4月、東亜同文書院の教授を辞して帰国すると、根岸は同書院の母体である東亜同文会の調査部主任に委嘱される。1908年9月、東京高等商業学校（現一橋大学）講師となり、東洋経済事情を担当するとともに、機関誌『支那』を創刊して主宰した。1911年には、朝日新聞政経部記者に就任し、中国関係のみを対象とするはじめての専門記者として活躍した。1912年、慶應義塾大学理財科で「商工事情」の講義を担当し、さらに1914年から1918年まで、再度、慶應義塾で講義している。1916年に

1　今堀誠二「書評：根岸佶著『上海のギルド』　仁井田陞『中国の社会とギルド』」『法制史研究』第1952巻第2号、1952年、123頁。

は朝日新聞を辞し、東京商科大学（現一橋大学）教授に就任し、1919年にはアメリカにわたり、ワシントンで約1年間、主として国会図書館で中国関係の外交史研究に従事した。さらにロンドンに滞在し、大英博物館を中心に中国の古典を渉猟する一方、イギリスの植民地制度について研究した。帰途には、ドイツ、フランス、イタリアなどヨーロッパ諸国を歴訪している。1921年、ヨーロッパからの帰途、シンガポール、上海にも滞在しつつ、現地での研究調査を実施し、帰国後は東洋経済事情のほかにも、新たに東洋外交史も担当した。

　1922年から東亜同文会理事などを歴任し、戦前最大の研究成果である『支那ギルドの研究』（1932年）で、出版の翌年には、東京商科大学（現一橋大学）経済学博士を取得し、その評価を不動のものとした。だが本人は、後述するように、この書の不完全さをのちのちまで悔やんでいる。1935年には定年により商科大学を退官したが、その後も、東亜同文会第六調査委員会学術部委員会委員（1939年）、東京商科大学客員教授（1950年）、東京商科大学名誉教授、一橋大学名誉教授（1951年）などを歴任し、1954年には、新たな見地からの書下ろしである『中国のギルド』（1953年）で日本学士院賞を受賞している。いいかえれば、根岸は80歳を過ぎても研究活動を続けていたことになるが、最後の最後まで研究者としての姿勢を崩さぬまま、1971年、ついに97歳で生涯を閉じた。門下には、石川滋、村松祐次などがいる[2]。

2　『上海のギルド』（1951年）──西欧近代との比較における中国ギルドの歴史的位置

　根岸にとって、ギルドとは中国そのものを理解するために必要不可欠な研究対象に他ならない。というのも、中国人の生活を構成しているのは家族、郷党、ギルドという三つの様式であり、ギルドの存在とは中国社会そのものと切っても切れない関係にあるからである。家族は血縁、郷党は地域、ギルドは目的により結成せられた団体であって、その区別は明確であ

2　内田直作「根岸佶先生年譜」（『一橋論叢』第32巻第4号、1954年、493-499頁）などを参照。

る。だが、中国には家族制度が根づき、郷党も宗族の延長したものに過ぎず、宗族との区別も判然としなかった。中国の団体には、仮に目的を異にするものであっても、家族を祖形とし、郷党を本拠とするものがもともと多いとされる。たとえば、商工ギルドは、商工業の擁護を主たる目的とするが、多くの場合、同郷のみにより結成されているか、同郷団体の連合により組織されている。また、商工業者は世襲を強いられることもあるとはいえ、商業の分野では、「合股」という一族や友人の合同出資によりある種の企業体が維持され、同業者が一定地域に聚居することによって、隣保互助の精神を実現していた[3]。しかし、ギルドは血縁、地縁、両縁と微妙な関係にあるがゆえに、これらを単純な一つの目的とみなすことは困難である。かといって、国家による保護を求めることもなく、むしろ国家の圧迫を排して、成員の生活の安定を目指しているがゆえに、成員の全生活をその管理内に包容しようとするのが中国のギルドなのである。したがって、ギルドは中国人にとって社会生活を支える重要な様式というべきものであり、根岸の中国社会への熱いまなざしは、自ずとギルドの社会的・経済的機能と役割の解明に注がれることとなる[4]。

西欧におけるギルドはすでに消滅していても、中国のギルドは現代においても残存するものが少なくない。その伝統精神を継承する商会や公会が勇躍して、かつこれらの団体は将来、民主的な近代国家建設に寄与すべき見込さえある。それゆえに、中国ギルドを研究することは、学術上の興味関心だけでなく、実際の中国社会、そして中国人を知るためにこそ、必要不可欠であるというのが根岸の見方である[5]。それまでのギルド研究の集大成である『上海のギルド』を出版するにいたった経緯を、彼は以下のように説明している。

> 余は久しく中国経済事情を調査し、その序にギルドに関する資料をも蒐集した。昭和七年これに基き内外図書を参考し、『支那ギルドの

---

[3] これについては、根岸佶『商事に関する慣行調査報告書——合股の研究』（東亜研究所、1943年）を参照。
[4] 根岸佶『上海のギルド』日本評論社、1951年、1–2頁。
[5] 同、3頁。

研究』と題する一書を公刊した。これはある事情に依り出版を急いだので粗笨観るに足るべきものでない。爾来之を改造せんがため所在につき資料の蒐集に努めたが、そのうち上海に於ける収穫多かつた。又拙著出てから、仁井田陞、内田直作、清水盛光諸氏の力作輩出した。此等の著書を検討し、新旧資料を調整し、改めて中国ギルドを書にせんとせば、厖大なれ数冊となるべき虞れがある。それで古ギルドに属すべきものを除き、会館、公所、公議会、同郷会の四つの外、別に、中国ギルド化した商公両会を選び、刊行せんとしたが猶ほ一千二百頁に達する。出版界の大不況殊に中国に関する著書の顧みられざる時代、かかる大冊を引受くる書肆のないこと言ふを候たぬ。幸に諸友の尽力に依り文部省より格外の恩典を以て過分の出版助成金を下附せられたのと、日本評論社の特別なる厚意とに依り、小冊子を公刊することを得た。それで既成の原稿より上海に於けるギルドのみを抽出し、そのうち重要なるもの八つを選び、別に総説と結論を加へ、『上海のギルド』と題した。[6]

　このように、上海における資料収集が多かったことが本書をまとめる一つの契機になったとしても、ではいったいなぜ上海なのか。それはこの地域・空間だけが、中国のあらゆる都市や農村の中でも、ギルドにとってさまざまに有利な条件や地位を備えているからに他ならない。根岸によれば、上海は中国にどこにでもある官僚によって支配される都市とは大きく異なっている。なぜなら、上海のギルドは、主として外部から流入した「客幇」によって建設されたものであって、商工業者とほぼ同質の「庶民階級」によって構成されているからである。「彼等は分幇対立しないでないけれども、対外関係に刺激せられ、協同一致の行動を採るので、郷党を超越した商工社会たる観ないでもない。また租界の常として中国の領土でありながら、その行政権が租界に属するため、集団的政治活動為したとて、また政府より容易に処罰されぬ。従つて上海は中世西欧に於て遠隔地商人により建設せられた新都市に類似するものと言つて大過なからう。上海はほぼ

6　同、3-5頁。

主として商工、即ち庶人階級に依り構成せられ、之を指導すべき商人ギルド存し、更らにギルドを左右すべき紳商あり、各地と声息を通じ政治運動することまた容易く、そして重大なる内治外交問題頻発するのだから、西欧商人ギルドの領袖が主となつて、巧みに政機を捉へ、コミューン運動を起した如く、政治運動態勢夙に成るものと言ふべきだ」[7]。このように、上海だけが庶民階級＝労働者階級による「前近代的」郷党を超えた職業団体を形成でき、しかもなんとなれば、内政・外政ともに影響を及ぼしうる一定の政治性を発揮できた、というのである。

　たしかに、中国においていつギルドが発生したかについて確定することは困難である。だが、それは西欧の古ギルドに相当するものとして、かつ組合員の親睦を図り、共同の神に奉仕し、相互扶助などを目的とする団体として、つねに中国においても存在してきた。それは「社」、または「会」と名づけられ、漢代の史籍に現われているものの、根岸はその淵源が春秋戦国に遡るとみている。西欧の商人ギルドやクラフトギルドなどと呼ばれ、商工業の利益を擁護することを目的とする団体は、六朝時代にその萌芽をみて、さらに唐宋に至り成長した。清末中国に獲得したギルドは、各種の古ギルドのほか、会館とされる同郷団体、公所と称される同業、もしくは同職団体、公議会と呼ばれる全市商工業者団体があった。

　西欧において古ギルドが消滅して商工ギルドが生じ、商工ギルドも近代国家が成立するに際して消滅したものの、中国においては新旧ギルドが残存している。さらに商工ギルドは、その特殊な目的のほかにも、古ギルドの目的をも兼ねており、その発達したものはギルド内においてあらゆる社会生活を営もうとしている。これらの団体の存在ゆえに、内部においては統治階級の抑商政策と他郷人の迫害を防ぎ、外部においては国家の保護を受けることなく、異民族の排斥に耐えることができた。さらに良きにつけ悪しきにつけ、資本主義の進入を防ぎ、中国の伝統を現実的に維持し、その生命財産を確保し、国内外に繁栄できたのである。

　根岸はここで、(1) 中国ギルドの実例に照らし合わせた場合、果たして東西文化融合は可能なのか、(2) 中国ギルドは民主主義の樹立に寄与しう

7　同、395–396頁。

るのか、(3) 中国ギルドは近世国家建設に貢献し得るのか、という三つの問いをたて、それに対して一つずつ回答を試みている。

(1) については、欧米では旧制度と新制度の切換が行われるのに対して、中国ではギルド制と欧米式商業会議所、商工同業組合両制との融合が実施されてきた。これには儒教の影響、伝統の勢力、調和の才能という三つの理由が考えられるが、これらはいずれも、伝統を神聖視しながら新制度を導入するがゆえに、東西文化の融合作業を惹起することに導くであろう、と根岸はみている。一方、この点について内田直作は、東西文化をソ連経由の西欧の組合思想と中共政権成立後の「調和」という現実的課題として置き換えつつ、「有力ギルドは封建的結社として禁圧されてゆくであろうが、他面ソ連を経由して輸入される西欧の組合思想がどのように接穂されゆくか、おそらくは下からの発意による自由結合ではなく、上からの命令系統による委員会制、かつての商民協会型が再現されるのではなかろうか」[8]と指摘している。(2) については、中国のギルドは一部の手工業ギルドを除いて、通常、その成員は他の成員に従属することなく、同等の権利義務関係にある、と根岸はいう。たしかに一部の指導者による専制が行われることがあっても、それは「ボス型」というよりは「賢人型」専制であり、とりわけ変法自強以来、欧米型の民主主義の概念が導入されると、「家長」よりも、むしろ「公僕」として機能するという傾向が強まっている。中国で統治階級の束縛を脱し、被支配階級の団体を結成したのは他ならぬ商人ギルドであって、その経済的勢力がいよいよ増大するなかで、諸団体の指導的勢力となってきた。したがって、その中国民主主義の樹立に寄与し得ることはもはや明らかである、と根岸は確信する。(3) については、ウィットフォーゲル、マックス・ウェーバー、マジャールなどが、中国ギルドの政治的無力を提唱してから、日本の研究においてもこれらの意見に同意するものが増え、ついに中国ギルドの西欧ギルドと異なるポイントを「政治的無力」とみなすようになった。というのも、中国には厳然たる家族制度があり、郷党の観念が強いだけでなく、いわゆる東洋的専制政治で国家的官僚の勢力がさかんなため、ギルドが割拠的なものとなり、政治的

---

8 内田直作「根岸佶博士著『上海のギルド』」『一橋叢書』第26巻第1号、1951年、78頁。

にも無力なものになっているからである。ギルド側においても、もっぱら経済的活動に集中し、政治的にはあまり関心をもたず、しかも西欧ギルド闘争の武器となった経済的権力をもたなかった。とはいえ、辛亥革命後の商会における政治活動をみればわかるように、たんに国内ばかりでなく、外交問題にも強力な発言力をもったのであり、ギルドが近代国家建設に少なからず寄与し得る、と根岸は結論づけている[9]。

3 『中国のギルド』（1953年）——「前近代」から「近代」への過渡期における中国ギルドの政治性

根岸によれば、中国のギルドは通称では会館、公所といわれ、会館は同郷団体、公所を商工団体として理解される。そのもともとの意味は、ギルドの公共の建物、または事務所のことであって、同郷団体を公所と呼ぶこともあれば、商工団体を会館と名づけることもある。たとえば、寧波人ギルドを「四明公所」と称し、生糸問屋ギルドを糸業会館と称している。ギルドの起源とは、既述のように「社」あるいは「会」にあり、いいかえれば、中国における「社会」概念のそもそもが古ギルドの起源であることになる。唐代商工同業者は業名を冠する「行」、すなわち、商工区に集住したので、ギルドを「行」と呼んだ。だが、「行」は、「陳」とひとしく「列」の意味であって、上古商工業者が、市において同業により「列」をなし、貨物を並べていたために、同業仲間を「行」ということができる。それゆえに、近代商工団体を公所、または会館と呼ぶことが通常であるが、広東においては唐式に基づき、金融業者組合を「銀行」、米業者組合を「米行」と名づけている。福建、台湾においては、これを「郊」と称しつつ、「郊」は「邑外」、または「国都外」の意味として理解されていた。天子が南北の両「郊」で天地を祀ったことから、天地を祀ることを「郊」と呼ぶようになると、祭祀を重んじ、長老を選んで祭祀にあたらしめたことから、ついにギルドを「郊」と名づけることとなった。ただし、ギルドのうち会館、公所と称することなく、その奉祀する神の名によって、「宮」や「廟」と

9　前掲『上海のギルド』383–397頁。

称するものがある。たとえば、陝西人は三官大帝を祀り、そのギルドを三元廟と名づけ、湖南・広東人は禹王を祀り、そのギルドを禹王宮と名づけたとはいえ、これまで中国にはギルドの適訳はなかった。その後、ギルド研究が盛んになるにつれて、「行会」という言葉でギルドの概念として使われてきたものの、「会」は古ギルドのことを指し、「行」は唐代商工ギルドのことを指すがゆえに、その一般的概念規定に根岸は異を唱えてはいない[10]。

　西欧ギルドの研究は内外で古くから行われ、多くの研究者を輩出してきたのはいうまでもない。だが、中国ギルドの研究は主に20世紀に入ってようやく始められたにすぎず、西欧の著作に比べればきわめて少ない。その業績としてみるべきものとしては、マクゴワン『中国ギルド論』(1883年)を皮切りに、モース、バシュフォード、ギャムブルなどによる著書が相次いで出されたが、なかでもバージェスの『北京のギルド生活』(生活社、1942年)は日本でも翻訳、刊行され、広く注目された。中国では全漢昇『中国行会制度史』、鞠清遠『唐宋官私工業』があり、さらに日本では大谷孝太郎『上海に於ける同郷団体及同業団体』、清水盛光『支那に於けるギルドの勢力』、仁井田陞『中国の社会とギルド』、今堀誠二『中国ギルド・マーチャントの構造』、内田直作『日本華僑社会の研究』等が、すでに根岸と同時代の研究者のなかに含まれている。とくにこのなかでもバージェスは、中国ギルドを宗教的友愛結社、職業ギルド、手工業ギルド、商業ギルド、同郷的同業的ギルド商人に分類し、同郷ギルドを社交的と経済的に細別しているものの、種目のきわめて多い古ギルドを宗教的友愛結社として一括することは妥当ではない、と主張した。

　定年で商科大学を退官してから20年近くの歳月をこれら諸著作に見られるギルド研究の渉猟にあてつつ、なおかつ前著『支那ギルドの研究』、および『上海のギルド』において自ら蓄積してきた実証研究を踏まえ、根岸が1953年、新たな書下ろしとしてまとめたのが本書(『中国のギルド』)である。村松祐次は本書について、「それは日本の学界においては、必ずしも多くを見ない、異常な学問への熱意と、精神の持続的緊張との結果

10　根岸佶『中国のギルド』日本評論新社、1953年、18頁。

だ」[11]ときわめて高い評価を惜しまない。

　こうした先行および同世代研究者によってなしとげられた重厚なるギルド研究を視野におきつつ、根岸は中国ギルドを新旧で二大別して、そのうえで古ギルドを宗教的、社交的、学術的、経済的、政治的、軍事的等に小別する。さらに新ギルドとして、同郷的、経済的、全市的の三つに小別し、このうち「同郷的」ギルドを社交的なもの、経済的なものとに二分し、経済的なものを職業的、手工的、商業的に三分し、そして全市的をその構成に基づいて細分化している。しかも、公会と商会とを経済的、全市的ギルドの改組したものととらえ、同郷会は同郷会館が民主化したものとし、社交的、互助的、ときには政治的団体としてすらとらえていた[12]。根岸は、西欧と中国のギルドを比較しつつ、次のように述べる。

　　中国ギルドは西欧に先つて生じたものであつて、その政治的活動は西欧ギルドに及ばないけれども、経済的、社会的影響は敢て西欧のそれに劣るものでない（中略）。西欧ギルドは夙に滅亡したが、中国ギルドは今猶ほ残存すると言ふ能はずんば、少くともその伝統精神が保持されてゐる。尤も古ギルドを除き、商工業ギルドは清末以降外国の影響を受け、或はギルド形態を商会、公会、工会、及同郷会に変化し、或はギルド精神に資本、民主、民族、社会主義などを加味し、或は時に依り緩厳の差あるけれども、政府の統制を受くるを免れなかつた。彼等は最近五十年の間、衰運に向いつつあり、殊に中共が『封建遺制』の掃蕩に邁進してゐるから、その滅亡必至の筈であるが、猶ほ余喘を保つてゐる。中国ギルドの惰力真に驚くべきだ。[13]

　こうした中国におけるギルドに象徴される「前近代的」社会集団のもつ政治性の関連で敷衍すれば、西欧、あるいはその申し子であるマルクス主義との比較において論じられることの一つに、階級闘争史観がある。とりわけ、ギルドのように位階・階級的秩序が重んじられる社会集団のなかで

11　村松祐次「根岸佶『中国のギルド』」『一橋叢書』第31巻第2号、1954年、182頁。
12　前掲『中国のギルド』19–20頁。
13　同、49頁。

は、そのことが強調されやすい。だが、根岸によれば、それは安易に西欧的基準を中国に当てはめるものであって、実際には「闘争」よりも「協調」が追求されることの方が一般的であり、ギルドにおいて「闘争」を放棄することは思いのほか少ない。このように、根岸のみるところ、西欧において貴族、平民の闘争が繰り広げられたのに対して、中国においては階級協調がむしろ支配的である。ギルドの成員たる商店、事業所内部における上下関係は、擬制的家族になることによって協調が維持されるといえる。たとえば、中国の家族制度は「父子共産」に属するものであり、たとえそれが職場であったとしても、そこでは居、食、祭を共にする「同居共餐」をその生活の特徴としている。「家祖の祭は家父の特権である如く親方は主となつて祖神の祭を行ふ。また彼は家父が家族を保護するべき義務あるやうに、職人や徒弟の生活を保障し、健康を保持し、傷病を治癒し、教養を助長しなければならぬ。そのうち最も重要なるは生活を保障することである」[14]。したがって、ここで親方は、従業員に生活水準を維持すべき賃金を与え、生活費が高まればその見返りなしに賃金をアップし、不景気時にも解雇することなく、往々にして利潤を等しく分配し、パートナー扱いするなど、利害関係を共にしている。それゆえに、徒弟における労使の主従関係は、欧米のように敵対的に対立することなく、家族的かつ師弟的調和が重んじられる。この関係は商店に適用することも可能であり、ギルド内部の構成は、身分の相違、勢力の大小により、たとえ上下の関係が生じたとしても、ここで協調を実現することはけっして困難なことではない。手工業ギルドは親方、職工により組織されても、職工はその分に安んじ、自らの条件について多言を差し控え、役員に選ばれることを避けるのだという[15]。

　おなじことはギルドの非政治性についての議論にも当てはまる。すなわち、中国のギルドは政治に関与しないことを特色とするとの評価が、これまで内外の中国ギルド研究者の間にあった。根岸のみるところ、たとえば、寧波のある同郷会の章程には、講演などを政治に関係する会合に一切使用させないと規定し、その政治に関与しないことを示唆している。だが、だ

14　同。
15　同。

からといって、それで問題の一般化はできない。逆に、たとえば、江西族京同郷会は政治に関与すべきことを奨励し、その会員に江西出身の官僚や名家を把握することに努めているのである。しかしながら、同郷会の綱領は「自治精神」の発揮を主旨とするものが多く、しかもこれは同郷会自らの「団体の自治」を期するだけでなく、「郷里の自治」を実現しようとするものであって、江西族京同郷会ははっきりと自らが所属する「省の自治」を促すとしている[16]。

だが、根岸によれば、中国においては西欧のように、仮に貧富の格差という階級間の闘争はないとしても、それは必ずしも絶対的なものであるわけではない。たとえば、張陵が道教を創始して一大勢力となった原因とは、社会主義を唱え、すべての財産の共有を実行し、当時の庶民を糾合し、統治階級に反抗したからである。それ以来、王朝の転覆を企図する秘密結社は、社会主義的なものが多かった。中国でも貧富の軋轢があるのは当然のことであり、たとえば、宋代商工業者における競争のように、それ相当の熾烈さをともなっている。ここでは商工の店舗、職場を所有しないものがあらわれ、それゆえにギルドを結成しようとすれば、ギルド間での貧富の格差による闘争が生じることも十分あり得ることである。たとえば、清代の『北清見聞録』も、「壟断の弊風生じ、ために一般の商売を疾ましむるが故に、その商人中有為の徒は率先相手仲間を団結し、外は以て彼の銭丈夫の専横に抵抗し、内は以て彼此均の大義を保持すべき慣例を為す」と記している[17]。このように、仮にギルド間の貧富の格差が生じれば、貧しいギルドは富めるギルドに圧迫されることになり、やむを得ず、これに反抗してその権益を保護することもあるかもしれない。したがって、「中国にクラフト闘争なし」（ウィットフォーゲル）とする説は[18]、必ずしも十分な

---

16 同、214頁。
17 同、52頁。
18 ウィットフォーゲルによれば、中国ツンフトの手工業における勢力はけっしてゼロではなかったし、むしろ非常に広汎に組織された手工業的生産に従事し、組織的に結合した小工業生産者の直接の経済的勢力もきわめて大きなものですらあった。たしかに、多くの経済的かつ福利的諸機能、固有の監督制度、とりわけ固有の裁判権の中に経済的重要性が認められるがゆえに、それを容認するのを得策と見た国家的・社会的勢力の存在が記録されている。しかしながら、たとえ国家がツンフトを一般的に認容していたにせよ、それはあくまでも「改良主義的な」（Reformismus）ものであり、西洋のツンフトが闘いとった国家自身の勢力範囲

説得力をもつわけではない。なぜなら、小売ギルドが問屋ギルドと闘って勝つことがあるように、手工業ギルドが商業ギルドと闘って勝つ場合もあるからである[19]。

根岸のみるところ、たしかに中国ギルドはいたるところに存在するとはいえ、そのあり方は「割拠主義」的であって、全市的かつ全国的に結束しないという性向が強かったのは事実である。だが、ギルドには「大同性」というもう一つの共通の特性があって、高次のレベルで団結し、全国的となり得るのであって、仮に「割拠主義」的であるからといって、西欧のギルドのように全市一体となって政治運動を起せないと結論するのはいささか拙速である。根岸はいう。

> 中国は国家権力強大なるため、わずかに市政に参与するギルド所在に発生したものであつて、西欧のギルドの如く都市を支配するものなかつた。然らば彼等をして政権微弱なる地域に居らしめても都市を左右すること出来なかつただらうか。沿黒龍州が中国領なりし頃狩猟、人参を採取する中国人のイマン、烏蘇里両河流域に移住したもの、公

をも危機に陥らしめるような権力を、中国の国家はけっしてツンフトに与えなかったとウィットフォーゲルは指摘する。「もしツンフトが官史階級に反抗したとすれば、それはただ個々の不正と侵害の除去を目的としてのことであった。政治的権力のための闘争については、仮に個々の都市の枠内においてであっても、ただ一つの記録でさえ伝えられるものがない状態である。この劣勢な、そして西洋のツンフトの成功と比較すれば政治的にまことに脆弱な中国ツンフトの態度に対して、すでにわれわれによって輪廓づけられた彼らの職業政策の限界が対応する。たとえ中国の手工業において、因襲と伝統主義とが多くの事柄を均一化したにせよ、〈ツンフト強制〉と都市政府によって強要されたヨーロッパのツンフト的〈生産の統一化〉に比較して、中国の手工業的生産過程は、まさに本質的な諸点、すなわち、なんらの〈共同的な原料注文〉なきこと、なんらの一般的な〈品質の統一〉なきこと、なんら見習職人の数を限定しないことにおいて、支離滅裂である」(K. A. Wittfogel, *Geschichte der bürgerlichen Gesellschaft – von Ihren Anfängen bis zur Schwelle der grossen Revolution*, Wien: Malik-Vertlag, 1924, S. 595, 新島繁訳『市民社会史』叢文閣、1936年、183頁)。このようにウィットフォーゲルは、西欧近代市民社会とは大きく異なり、中国におけるツンフト内部での国家に対する対抗権力の基礎ともなるべき「統一化された内的規範」といったものの不在を指摘している。これに対して仁井田陞は、ウィットフォーゲルのこの記述を引用しつつ、「中国ギルドの特質に対する迫り方はまさに鋭利である」と高く評価している (仁井田陞『中国の社会とギルド』岩波書店、1989年、24頁)。なお、こうした中国ギルドの非政治性をめぐるウィットフォーゲルの市民社会論については、拙書『K・A・ウィットフォーゲルの東洋的社会論』(社会評論社、2008年) 第4章を参照。

19 前掲『中国のギルド』52頁。

議会と号するギルドを結成し、西欧商人ギルド的生活を営み、漸次その支配を商人、漁夫に及ぼし、遂に傍近土民をも管轄することになった。[20]

　このように、一見政治性が欠如しているようにも見える中国のギルドは、地方によっては、公議会という実質的権力の基盤を確保し、なおかつ行政司法を一手に収めているというケースもあった。また、福建や広東のように、東南アジア諸国、南洋群島と通商する過程で、現地の居留地に居住して、首領を選ぶ権利を獲得するというケースすらあったのであり、一概にその政治性が欠如していたと結論することはできない。とはいえ、中国は官僚組織による「大専制帝国」であり、その背後には数十百万の兵を擁するがゆえに、ギルドの力で都市の自由を闘いとることはきわめて困難であり、それだけに中国ギルドの政治的権力を「下から」組織できなかった原因を、東洋的専制主義の官僚政治に求めることもけっして不適切とはいえない[21]。

　さらに中国のギルドが西欧のギルド同様に、その存立基盤に祭祀的、かつ宗教的起源をもつのはごく自然なことであろう。たとえば、西欧のギルドは、その祭祀的起源をキリスト教に求めるものとそれに反対するものとに分けられているが、通常、ギルドの構成員は、守護神としてキリスト教を崇拝し、祈祷、葬式等の宗教的行事を任務としていた。だが、それと同様に、中国のギルドも同郷的、同業的、同職的のいずれかを問わず、宗教的規約を設けているのが一般的である。とりわけ会館ではその傾向が顕著であるが、具体的には、重慶の江南会館は祭神に関して十五ヶ条の規章を定めており、また上海の徽寧会館は、詳細な諸規約の大部分を祭典と祭礼においている。西欧において個人主義に基づくキリスト教がギルド存立の基礎にあるとすれば、中国では集団主義に基づく道教が家族制度の基底に普及しており、上帝と名づける天、または神を崇拝しているのである[22]。

　中国において思想界を支配したものは儒、仏、道の三教であり、それら

20　同、73頁。
21　同、72頁。
22　同、154頁。

が多かれ少なかれギルドの基底にも横たわっていることはいうまでもない。とはいえ、その中でも圧倒的な地位を占めるのは儒教である。「儒教は孔子に依つて大成されたもので殆んど国教たるの観あつた。しかし孔子は実践道徳に重きを置き、現世に於て人力を尽すべきことを強調し、鬼神を説くことや未来を論ずることを避けた。後世の儒者は敦れも皆之に倣つたので儒教は現世主義の倫理教となつた」[23]。中国人は固有の宗教として儒教を崇拝するが、仏教はその教理が深遠であり、規模が広大であり、儒教をはじめ老荘百家の及ばないものであり、その組織や儀式、中国宗教の模範とするに足ると根岸はみる。それが中国に輸入されるや、中国の宗教や哲学に飽き足らぬものは争ってこれに帰依した。道教もおなじように伝統主教の中で重要な位置を占めるとはいえ、儒教と仏教のそれに匹敵するような勢力が及ぶことはなかったという。

おわりに

これまで見てきたように、根岸佶は戦前から戦中、そして戦後にかけて、中国の社会集団の「前近代的」特性を帯びたギルドの研究に一貫して取り組んできた。その方法論の特徴とは、西欧市民社会の「近代的」規範意識との対比において、中国社会の「前近代的」性格を鋭く摘出することにある。根岸にとってギルドとは、血縁、地縁、両縁と微妙な関係のなかで成立する社会集団であり、けっして一つの目的で成立することのない、多面的性格をもつものであった。それは国家による保護を求めることもなく、むしろ国家の圧迫を排して成員の生活の安定を目指すがゆえに、成員の全生活をその管理下におくという社会的機能を備えた、中国社会を根底から支えている生活様式そのものであったといえる。

こうした中国ギルドの研究を通して根岸は、中国の「伝統的」ギルド制と欧米の「近代的」商業会議所、商工同業組合という両制との融合が実施されてきたことの背景に、儒教の影響、伝統の勢力、調和の才能という三つの契機を読み取り、そこに将来における東西文化の融合の可能性をみた。

---

23 同、155頁。

さらに中国の伝統的ギルドにおける成員は同等の権利義務関係におかれ、仮に一部の指導者による専制が行われることがあっても、それは「ボス型」でなく、「賢人型」専制として現実化しているとした。とりわけ辛亥革命後、欧米型の民主主義の概念が導入されるなかで、根岸は被支配階級によって「下から」結成された商人ギルドに一定の近代的萌芽を見出し、中国における近代民主主義成立の可能性を認めたのである。

さらに根岸は、商会における政治活動にみられるように、ギルドがたんに国内ばかりでなく、外交問題にすら影響力をもつように変化して、近代国家建設に少なからず寄与し得ることを示唆している。「大同性」（＝大同団結）というギルドのもつもう一つの側面が、高次のレベルで団結し、全国的団体となり得る政治性の確保を可能にしていたのである。だが、それと同時に根岸は、中国が軍事組織を背後にした巨大な官僚組織による「大専制帝国」であるとした。すなわち、中国の家族制度、郷党の観念が強いために、東洋的専制体制の下で国家官僚が強大な権力をもち、その結果、ギルドは割拠的なものとなり、政治的にも無力なものになっていたのだという。このように根岸は、ギルドの力で都市の自由を闘いとることがきわめて困難であり、国家から独立した「下から」の市民的権力を組織できなかったことの理由を、東洋的専制主義の官僚政治に求めつつ、いわば中国ギルドの抱える可能性と限界という両義性を浮き彫りにした。いいかえれば、現代においてややもすると「西欧中心的偏見」（オリエンタリズム）であるとして排除されがちな中国の専制政治の現実を冷静に見据え、しかし地方レベルでの「大同団結」の可能性をなおも同時に評価していたのである。

根岸佶の主な著書

『清国商業綜覧』丸善、1906-1908年

『支那特別関税会議の研究』自彊館書店、1926年

『支那ギルドの研究』斯文書院、1932年

『支那及満洲の通貨と幣制改革』（越智元治との共著）東亜同文会、1937年

『支那経済論』（新経済学全集別巻）日本評論社、1941年

『華僑裸記』朝日新聞社・朝日新選書、1942年

『商事に関する慣行調査報告書——合股の研究』東亜研究所、1943年
『中国社会に於ける指導層——中国耆老紳士の研究』平和書房、1947年
『買辨制度の研究』日本図書、1948年
『上海のギルド』日本評論社、1951年、のち大空社から復刊、1998年
『中国のギルド』日本評論新社、1953年、のち大空社から復刊、1998年

東亜同文書院の20世紀中国社会論
―― 根岸佶を例として

三好　章

はじめに

　1901年5月、前年南京に設立された南京同文書院を直接の母体として上海に発足した東亜同文書院（以下「書院」）は、貿易実務者養成を第一の目的とした専門教育機関としての性格を最も強く持って運営を開始した。書院を設立し、運営を支えた組織は1898年11月に東亜会および同文会が合併して出来た東亜同文会[1]であり、言うまでもなく「東亜同文書院」の名はこれに由来する。この東亜同文書院は、後に大学に昇格して東亜同文書院大学となった後も、中国に関する研究と教育が中心的任務となったが、特にその中国研究は貿易などの実務の側面からの要請に応えることを主目的としており、したがって、日中および当時のグローバル・スタンダー

1　東亜同文会は、「綱領」として「一、支那を保全す　一、支那及び朝鮮の改善を助成す　一、支那及び朝鮮の時事を討究し実行を期す　一、国論を喚起す」を目的とし、それらを実現すべき理由としては「日清両国の交わりや久し。情を以てすれば即ち兄弟の親あり、勢いを以てすれば即ち脣歯の形あり。……兄弟牆に鬩ぎ、而して列国隙に乗じ時局に日に艱なり。嗚呼、怨を忘れて嫌を棄て、外其の侮を禦ぐもの豈今日の急に非ずや。此の時に当たりて、上は即ち両国政府須らく公を執り礼を尚び、益々邦交を固うすべく、下は即ち両国商民須らく信を守り、利を共にし、弥々隣誼を善くすべく、両国士大夫即ち中流の砥柱となり、須らく相交るに誠を以てし、大道を講明し、以て上を助け下を申し、同じく盛強を致すべきなり」を「主意書」に挙げていた（大学史編纂委員会編『東亜同文書院大学史――創立八十周年記念誌』滬友会、1982年、48頁）。冒頭の「支那保全」論は、勿論日本を高みに置いての発言であり、列強の分割に互しての侵略的発言であるなどとの指摘は容易であるが、発言の時代性を考慮する必要があろう。また、日中提携は「両国士大夫」によって担われるとしている点などからは、「洋務派」的立場に立つ清朝内部の開明派に求めていることが理解される。これらの点から考えれば、東亜同文会の主目的をアジア主義に基づく「革命支援」に置くかのような理解は、再検討を迫られるであろう。

ドとなっていた国際的商習慣との比較解明など、現実の中国社会とどう向き合うかを課題としていた。帝国主義時代の盛期にあたり、当時新興帝国主義国であった日本にとっては、西欧列強に互していかに生き抜いていくかを探っていた時であった。また当然ながら、従来尊崇の対象であった中国があきらかにその権威と国力を形骸化させていた時期、そこに挑戦して勝利を収めたという優越感と、その後の西洋列強によって慾望を中断されたことへの屈辱感と焦燥感とがない交ぜになった世論が、東亜同文会そして書院設立の背景にあった。

　書院設立に際して、その目的を記した「興学要旨」には「中外ノ実学ヲ講ジテ、中日ノ英才ヲ教エ、一ニハ以テ中国富強ノ基ヲ樹テ、一ニハ以テ中日輯協ノ根ヲ固ム。期スル所ハ中国ヲ保全シテ、東亜久安ノ策ヲ定メ、宇内永和ノ計ヲ立ツルニ在リ」とあり、また教育目標を記した「立教要綱」には「徳教ヲ経ト為シ、聖経賢伝ニ拠リテ之ヲ施シ、知育ヲ緯ト為シ、特ニ中国学生ニ授クルニハ日本ノ言語文章、体制ノ百科実用ノ学ヲ以テシ、日本学生ニハ中英ノ言語文章及ビ中外ノ制度律令、商工務ノ要ヲ以テス。期スル所ハ、各自ニ通達独立シ、国家有用ノ士、当世必需ノ才ト成ルニ在ル」[2]と定めている。要するに、日本近世以来の儒教倫理の伝統的理解の上に「開化」、すなわち西洋化を軸とする近代化を進めることがその趣旨であった。それは、苦難の中に沈潜し、混乱しているかに見える中国に対して、一歩先駆けて近代化の道を歩み始めた日本が世界資本主義ネットワークの中での経済発展を目指した時、巨大な隣国である中国が市場としても資源供給地としても魅力ある存在でありながら、中国の経済と社会の実態が曖昧模糊とした中にあると捉えていた明治日本にとって、避けて通れぬ関係の中にあった中国との間に列強と遜色のない世界的位置を築くことが必要であったからである[3]。そのための日中貿易であり、そのためにこそ日

2 　同上書88–89頁。
3 　「明治」という時代をどのように捉えるにせよ、近代に向けて本格的に走り出したその頃、国家の隆盛と個人の立身出世とがほとんど矛盾することなく併存し、その相違を意識することがなかったのがこの時期であったと言えるかも知れない。言うなれば、身分という前近代的束縛が、タテマエとはいえ崩壊したことにより、自らの解放が国家への奉仕とパラレルに対応すると認識されていたと見なせる。激しい武装抵抗まで見せたことのある「民権」が、「国権」に収斂、あるいは解消、吸収されていった流れを、忘れてはならないであろう。

中双方の実務人材養成を目指した[4]のであった。後発的近代化を余儀なくされた日本にとって、自らの伝統に根ざした思考基盤を保持しつつ、西欧列強のリードする世界資本主義が展開する帝国主義秩序に対して、真摯に対応する場合の当然選択さるべき一つの方向性であったといえよう。

　ここで書院成立の経緯を簡単に整理しておく。それは、書院の中国研究を再検討する上で無用ではあるまい。書院の中国研究が置かれた時代的背景を明らかにし、当時書院の中国研究が課題としていた問題点の根源と特徴とを明らかにするためである。

　書院の前身に当たる日清貿易研究所は1890年9月、すなわち日清戦争直前に成立した。荒尾精によって設立された日清貿易研究所の教育目的を明らかにした「教学要旨」には、「教育は専ら日清間の貿易に資するの事項に在り……実際を旨とし着実を主とするは勿論なりと雖も、亦た能く必然の理勢を推し能く之を活用せしむるの能力を養成せしめざるべからず」[5]と基本理念を示している。つまり、日清貿易研究所もまた、貿易実務に携わる人材育成を目的とする教育機関として出発したのであり、そのための研究であった。書院に先立つ組織である日清貿易研究所も、書院と成立の時代状況にさほど大きな相違がない以上、そこで取られた姿勢が共通するのは道理であろう。そこにあったのは、「開国」以来、西欧化の波に呑まれつつそれを咀嚼し、かつ対外交易に目を向ける人々の姿であった。そうした危機意識とともに未来への希望を抱いた一人であり、日清貿易研究所設立当事者であった荒尾精が直接目にした中国の姿は「儒教の聖典や、中国の王朝文化から想像されていたものとはおよそ違った『生きている中国』の姿」[6]であった。それは、特に日清戦争以降、海外経験などなかった一般

4　1899年10月、南京同文書院設立に際して、近衛篤麿は両江総督劉坤一と会談し、劉より協力の言質を得ている。また、明治日本の教育行政を担い、当時貴族院議員であった伊沢修二に宛てて、1899年3月近衛篤麿が書簡を発しているが、その中に「一、今日桂陸軍大臣に面会仕り、左の諸点懇談の上、同大臣の誤解または疑惑を氷釈せしめ候。一、東亜同文会は政治的の野心を以て運動するが如きこと無之事。唯だ専心一意に教育を以て支那人を啓発開導するを主義とする事。一、支那人教育に就ては全く文事の教育を主とし、武事の方には更に関わらざる事。一、文事の教育に就ても犬養氏等の事業とは毫も関係無之、寧ろ官立諸学校に将来入学せんとする支那生徒に、語学等普通教育を授くるの目的なる事」（同上書78頁）。
5　同上書34頁。
6　同上書34頁。

の日本の庶民が兵士として、商人として目のあたりにした中国の現実の姿でもあった。近世の終末までは、俗流道学者によって理想的聖人君子が住む世界であると理念化された、虚像としての中国の対極であった[7]。具体的には、日常の衛生状態や食生活などの生活実態を含め、一見したところ、当時の日本とほとんど変わるところのない貧しい活計(たつき)に毎日を送る中国の庶民の姿であった。しかも、清末中国は時代的に列強による「瓜分」の危機にさらされていたのであった。それは、例え上滑り[8]であれ、近代化の道を歩み始めた日本において、「先覚者」と呼ばれるようになる人々にとって他人事ではない存在であった。しかし、そうした中国と貿易実務で対しなければならなかった日本側の担当者にすれば、自分達が結果として選択し、歩み始めたスタンダードである西欧的商習慣と中国のそれとの距離が、中国と接する時間の流れとともに大きく意識されるようになった。一面では旧来の慣行にしがみつく頑迷な中国であったが、そうとばかり言っていたのでは実務として中国を相手にして経済活動を展開することはできない。それ故、実務のための中国社会理解は「流行」に乗って相手を見下すことではなく、中国社会にある「不易」の部分を見出し、解き明かして理解し、そこにこそ中国社会の本質を見出すようになっていったのである[9]。それは、21世紀の現在において中国を研究する問題意識にも通底する。すなわち、伝統中国に足を据えながら、中国における国家と社会の将来像

---

7 こうした、近世江戸時代までの日本人の中国イメージが動揺し、現実の中国とのギャップに悩み、さらに中国への「優越感」を持つに至る過程については、多くの論者が指摘しているが、草森紳一『文字の大陸 汚穢の都――明治人清国見聞録』(大修館書店、2010年) はそれを具体的に事例を挙げながら論じており、説得力を有している。なお、近代ヨーロッパがアジア、この場合はオスマン帝国に対して19世紀中頃までは一定の劣等意識を持っていたのに対し、パリなど大都市での上下水道工事によって消化器系の伝染病発生の頻度が押さえられることにより、「清潔」なヨーロッパ、「不潔」なアジアというイメージが作られていったという。こうした相手に対する視点転換の発生時期は、それぞれの地域の近代史の感性として、根深く残っている。言うまでもなくオリエンタリズムの一種であり、日本近代史から見ればアジアは「善導」すべき対象となる。

8 夏目漱石は辛亥革命直前の1911年8月、和歌山での講演「現代日本の開化」(『漱石全集 第16巻 評論その他』岩波書店、1995年所収) においてこの言葉を用い、日本の近代化の外発性を批判している。こうした見方は、日本だけでなく、中国を含む非西欧世界の近代化に共通する問題であることは言うまでもあるまい。

9 中国を理解しようとする時、「不易」の中国と「流行」の中国に少なくとも区分し、伝統中国との連続と非連続を念頭におかねばならないことは、毛沢東時代、鄧小平時代を経た現在、より深刻に受け止めねばならないであろう。

を展望することにも繋がり、20世紀の「革命」によって変化した表層ではなく、その根柢の変容の状態を、変容の有無を含めて明らかにすることを目的とするようになっていくのであるから。

　書院の中国研究はこうした関心から始まり、日本とは異なる商習慣の土台になっている中国社会の構造に対して、多方面からの考察を加えていった。そうした書院の中国社会研究の代表的な研究者のひとりに、根岸 佶（ただし）（1874〜1971）がいる。本稿では、根岸佶について、その中国社会論を中心に、近代日本の中国社会論全体の中で書院の20世紀中国社会論の占める位置を史学史的に検討し、現代的意味を探ることを主な課題としている。現在の中華人民共和国が近代化を進めると自ら宣言しながらも、そこで主張される近代の意味が西欧市民社会とは異なっている[10]ことは明白であろう。このことは、本稿の扱う時代とは異なるにしても、本来ならば疎外論に由来するゆえに、ひとりひとりの人格と人権とを尊重することに土台を置くはずの社会主義理念[11]などとうの昔に捨て去り、弱肉強食の国家独占資本主義に邁進しているやに見える中国の現状理解にも不可欠だからである。結論的に言えば、これまで統治者あるいは「御上」（おかみ）から大切にされたことのなかった中国の民が、自己防衛のために形成せざるを得なかった社会的紐帯組織は、いま現在も有効に機能しているのではないか、また中国共産党そのものも統治機構であると同時に、中国社会の各段階において統治者集団の社会紐帯組織としての役割を果たしているのではないか、ということである。こうした意味でも、書院が20世紀中国社会を対象に行った研究は、21世紀の現在において再評価さるべきものであろう。

　なお、本稿においては「支那」等の用語が頻出するが、何れも引用史料原典の執筆時期によるものである。

10　本文中でも指摘するが、中国において「市民社会」が形成されてこなかったことが、民主主義の成長を阻害している最大の要因であることは理の当然であり、これは本稿の基本的なスタンスである。

11　本稿において、筆者は「マルクス主義」あるいは「マルクス・レーニン主義」という用語をしばしば用いるが、これは疎外論から出発して人間性の解放を目指した初期マルクスの立場を意味するものではない。手垢にまみれてはいるが、毛沢東主義をも含む権力抗争の結果として執政の道具となった「マルクス主義」である。当然、スターリン主義の裏返しであるトロツキズムもその範疇に入るであろう。もっとも、現実に「社会主義」を掲げていたソ連や毛沢東時代の中華人民共和国が、そうした理念の対極にあったことは、周知のことであろう。

1 近代日本と民国期中国における中国社会論

「開国」とそれに続く外部からの情報流入さらに人々の往き来の活発化は、近世以前には書物を通しての「理念」「幻想」でしか見ていなかった中国像を、現実に存在するものとして眼前につきつけることになった。しかも、知識人にとっては新たに学んだ西欧的近代科学に基づく社会観察の方法論が、近世以前に形成された伝統的中国像の変容を余儀なくもさせたのである[12]。

(1) 内藤湖南・橘樸・清水盛光

そうした近代日本において中国社会を如何に認識するか、挌闘を重ねた知識人が数多くいる。ここでは、その中からいずれも後世に大きな影響を与えた内藤湖南・橘樸・清水盛光の３人を簡単に取り上げ、戦前日本の中国社会論を整理してみたい。小学校教員やジャーナリストとしての活動の後学究生活に入った内藤湖南は宋代以降近世説を基礎に中国を論じ、橘樸は内藤と同じくジャーナリストとして活動する中で日本の中国理解を批判し、また清水盛光は陸軍士官学校生徒から九州帝国大学に転じ、さらに満鉄調査部で社会調査を行った。３人に共通するものは、中国に対した時、初めは研究者としてではなかったし、研究者としての対応でもまた、初めに結論ありきのマルクス・レーニン主義的中国理解に始まったのではないということである。何よりも、自らの目で見、足で歩いた中国であった[13]。

周知のように、内藤湖南は幼い頃から叩き込まれた漢学を基礎に、ランケ流の実証史学に共鳴する清朝考証学を方法論の中で咀嚼し、日本の欧化

---

12 ここでの史学史的整理については、足立啓二『専制国家史論——中国史から世界史へ』（柏書房、1998年）第１章第２節「近代日本における中国専制国家論の形成」、第３節「戦後日本の研究動向」（27–53頁）を参考にした。足立は「人類史の流れのなかでの中国専制国家の位置を確認」したいとの動機から、日本やヨーロッパとは異なる中国の封建社会の歴史的見通しを「従来の単系発展論に比して、より一般的な歴史発展論を準備し、現代世界の歴史的位置づけの裾野を拡大する」（４頁）ことを同書の目標に掲げている。同書の探求の対象や目的は、本稿で挙げた根岸佶などに通底するものではないだろうか。

13 こうした比較は類型的に過ぎるとの謗りを免れないであろう。しかし、中国農業史研究、中国農業論で知られる天野元之助が残した仕事などは、本稿で評価しようとする書院の中国研究と通底するものが多く、理論による中国理解は理論装置が精緻であればあるほど色褪せ易いが、天野のような仕事は、後世の研究に資するか否かという点では論を俟たないであろう。

主義的近代化への批判を中国への強い共感のなかで行っていった。内藤湖南は、同時代的に展開されていた辛亥革命＝中華民国の成立に当たって1914年に『支那論』、その10年後に『新支那論』を刊行している[14]。まず『支那論』では辛亥革命による民国の創建を歴史の帰結として期待しながら[15]、その紆余曲折する現状の由来を中国社会の性質に求める。

> つまるところ近来の支那は大きな一つの国とはいうけれども、小さい地方自治団体が一つ一つの区画を成しておって、それだけが生命あり、体統ある団体であるが、その上にこれに向かって何等の利害の観念をももたないところの知県以上の幾階級かの官吏が、税を取るために入れ代わり立ち代わり来ておるというに過ぎない。それで謂わば殖民地の土人が外国の官吏に支配されておるのと少しも変わらないのである。[16]

元来が政府を信用しない支那の社会組織は、比較的自治団体が発達しておることが、一つの長所である。清末の先識者たる馮桂芬という人は、宗法を復することを以て、自治団体を完成させんとの論で、……その宗族が横暴をするという弊害もあるけれども、その利用の方法によっては、自治の基礎を立てることが出来るということを認めておる。江蘇、浙江などのような商工業の発達した地方は、……支那にすでに発達しておる同業組合の組織、農村の保甲制度などを基礎とし

---

14 『支那論』『新支那論』とも、文春学藝ライブラリー『支那論』（文藝春秋、2013年）に収められている。本稿での引用は文春学藝ライブラリー版により、頁数などもこれに従う。
15 前掲『専制国家史論』28頁。なお、湖南は「今日革命以後の実情は、一時また独裁政治に傾かんとしておる様子であるが、これは支那のみならず、昔フランスの革命の後でも、やはり同様なことがあった……。しかし結局……追い追い国民が覚醒するとまた共和政治に立ち返ることになったのである。支那の独裁政治の弊害も、既に数百年来重なって来たのであるから、一時これがまた独裁政治に復ることがあっても、けっきょくそれは永続すべきものではないと思う」（前掲『支那論』45頁）とし、辛亥革命と民国への移行を西洋史も含めた進歩の範疇に収めている。
16 前掲『支那論』108頁。もちろん、その原因の一つに「科挙」によるキャリア官僚の回避制度があり、民衆「統治」に現地採用ノンキャリ官僚である胥吏の扶けなくして税徴収すらできなかったことも指摘されている。

たならば、決して自治制の行われないということはない。[17]

　ここで注意すべきは、後述する根岸佶等の中国社会論において重要な意味を持つ「中間団体論」の母型が既に見えていることである。国家権力あるいは統治者が直接に民を掌握することなく、国家機構とは別に存在する民の世界を間接的にであれ囲い込んでおくことが統治の要諦であり、その為に両者の間を繋ぐ中間団体の存在を必要とするのである。これは、近年のオスマン帝国研究の中で提起されている「柔らかい専制」論[18]に通ずるものであり、清朝に代表される中国伝統王朝の統治あるいは支配に共通する、民にとってはそれなりに居心地の良いルーズさ[19]の存在を指摘するものである。これらは、「鼓腹撃壌」型の統治を理想的理念型として措定できるわけであり、伝統中国システムがその一類型とも言える。

　橘樸は『月刊支那研究』創刊号の巻頭言において、次のように述べている。

　　……中国を儒教国であり、中国人を儒教の信者であると見る態度は、恐らく日本人として当然に、少くとも一応は陥るべき誤であらう。……此の誤謬から更に「儒教は宗教に非ず、故に支那には宗教なし」と云つた様な飛んでもないロジックを生み出して、本気で斯る迷信を主張する者もある……。茲に（儒教を）国教と云ふ意味は、実は宗教としての其れでなくて、政治及行政の形式を整へ、……被支配階級をも従はせしめようとしたに過ぎない。……儒教は昔にも今にも嘗て中国の「民衆」の信仰を受けた事の無いものである。[20]

17　前掲『支那論』125頁。
18　鈴木董『オスマン帝国——イスラム世界の「柔かい専制」』講談社現代新書、1992年。
19　もちろん、こうした「居心地のよいルーズさ」が近代国民国家と相容れないことは明白であり、とりわけ20世紀前半の「総力戦」体制への転換を行い得なかった旧来の伝統的「帝国」が軒並み崩壊していったことに、それが示されている。
20　「中国を識るの途」『月刊支那研究』第1巻第1号、1924年12月（『橘樸著作集Ⅰ』勁草書房、1966年、8-11頁）。士大夫倫理としての儒教、である。「礼学刑政」について、礼は士大夫に適用され、刑をもって民を治める、と理解すれば中国人の社会と国家の間にある深い闇が見えてくるのではないだろうか。

また、『満鉄支那月誌』には、中国農村社会の特殊性について、以下のように述べている。

> 旧中国社会が如何なる発達段階に在るにせよ、それが専制主義社会であることに異論をさし挟む者はあるまい。……近世中国の支配階級は、士紳即ち官僚及び郷紳（非役官僚、其の家族及び挙人以上の学位又は所謂品官の資格を有する者並に其の家属）から成立つ。……此の点に関して熊得山氏は次の如く述べて居る。……「地域兼血族団体の形式は同一氏族の構成する村落である。」……熊氏によれば、中国には「家族厳於国法」「郷案大似公案」と云ふ諺が行はれる。[21]

これらにおいて、官僚制を搾取階級と捉え、それが国家の中に部分社会を構成していることを中国の特質とし、民衆は官吏とはできるだけ接触を避けようとする消極的態度を習慣化しているとする。したがって、農村では家父長的自治制度が、都市ではギルドが社会の紐帯を担っていると主張するのである。

清水盛光も中国を専制国家と捉え、君主のみが国家の直接的機関であると理解し、官僚は、橘樸同様に一つの部分社会を構成する存在であり、そうした官僚に対して民衆は驚く程接触面が狭隘であるとする。これが、村落およびギルドにおける自治が異常なまでに発達した理由であるとする。そして、その根本的な原因は市民社会の不成立に求められるのである。

> 支那は、平等思想の地盤たる社会形式をもたないと共に、平等思想を革命的標語として取り上ぐべき都市の市民階級をも欠いてゐた。第一に注意すべきことは、旧支那の社会構造が環節的であるということである。而もそれは狭隘なる村落自治体を単位とする広大なる環節社会であつて、環節社会そのものの発展段階から見ても、なほ極めて低度の社会状態に停頓してゐる。かかる構造の存続する限り、支那の民

---

21 「中国社会の経済発達段階」『満鉄支那月誌』1930年2月（同上『橘樸著作集Ⅰ』216-219頁）。

衆には、政治意識を発生せしむるべき社会的条件が欠けてゐると見なければならない。……かくの如き社会にあっては個人格が村落の共同体生活に吸収せられ、国家に対しては僅かに階級的支配の対象とのみなり、政治はたゞ被治者の服従の中にあると観念せられる。……いふまでもなく、市民的イデオロギーは市民階級のイデオロギーに外ならぬものであって、前者の欠如は、支那都市に於ける市民階級不成立の直接の結果である。[22]

(2)「中国社会性質論戦」と「中国統一化論争」

　1920年代末から1930年代後半にかけて、中華民国と日本とにおいて、中国社会の性格把握をめぐってそれぞれ幾つかの論争が展開された。その代表的なものが中華民国における「中国社会性質論戦」と、日本における「中国統一化論争」であった。後者の場合、議論の発端はマルクス主義者ではなかった矢内原忠雄であったが、矢内原に反論を加えていった中西功[23]や尾崎秀実などはマルクス主義者あるいはマルクス主義への共鳴者であり、非マルクス主義的観点への批判という方向性が見て取れる。この点で、ほぼ同時代の中華民国で展開された「中国社会性質論戦」の場合と共通する。

　「中国社会性質論戦」は、上述のようにマルクス主義による中国史および中国社会分析であり[24]、当時のコミンテルンの指導を受けるその支部組織、即ち中国共産党にとって、当面の革命の課題と革命運動の担い手、共闘相手を確定することが目的であった。したがって結論は外在的であり、理論装置の持つ実態分析の用具としての切れ具合を競うものであった。『中国社会性質論戦』の編者である何幹之は、同書の「前書」に次のように述

22　清水盛光『支那社会の研究』岩波書店、1939年、137-139頁。
23　中西功は、周知のように書院出身者であり、書院在学中から中国共産党員（地下党員）として活動し、戦後は日本共産党員として発言を繰り返した。広い意味では「東亜同文書院の20世紀中国社会論」の一論者となるのであろうが、本稿の中心的な課題は書院初期の根岸佶やその後継者達の中国理解の現代的意義を再評価することが目的であり、根岸達とは観点も方法論も異なる中西をその中に入れることは適当ではない、と考える。
24　「中国社会性質論戦」については、何幹之『中国社会史問題論戦』（上海生活出版社、1937年）によった。同書は「青年自学叢書」の一巻として刊行されており、中国共産党の周りに集まろうとする青年知識分子教育の目的もまた担っていた。

べている。

> この（現代中国社会とは何か、過去の中国社会とはいかなるものであったのかという）二つの問題は、何れも中国に於ける社会運動の苦悩のうちに提起されたものであった。……中国において、日本において、そしてソ連において……何処においても極めて熱心に論争が展開された。これは一度国境を突き破ると、様々な社会集団の問題をそこに収斂し、繰り返し繰り返し以下の三点を持ち出さずにはいられなかった。第一に、アジア的生産様式とは何か？　中国にはこうした時代があったのか？　第二に、中国に奴隷制社会があったのかなかったのか？　中国の奴隷社会とギリシア・ローマの奴隷社会とは全く違うものであるのか？　第三に、中国の封建社会には如何なる特徴があるのか？　封建社会の出現と発展、そしてその没落はいかように展開したのか？

要するに、外在的な歴史発展理論[25]に中国史と中国社会の実態をあてはめて理解し、革命実践のための路線を確定し、敵と味方とを峻別することが目的であったのである。

同じ頃、日本においても「支那統一化論争」が展開されていた[26]。それは、

---

25 歴史研究の方法論として、理論的考察を排除するものではないが、初めに結論ありき、あるいは実態を理論にあてはめて考察するのは本末転倒であろう。レーニンは、しかし、地下活動中の時期に自分達がフランス革命のどの段階にいるのか、としきりに思考していたという（ドイッチャー、山西英一訳『武装せる預言者 トロツキー』新潮社、1964年）。究極の合理主義、啓蒙思想であったマルクス主義を信奉したレーニンにとって、歴史は直線的に発展するものであり、それはどこでもア・プリオリに適用されるべきものであった。したがって、レーニンの指導によって勝利し、成立したソ連邦とそれが指導するコミンテルンの指導も、絶対的権威を持っていたのである。いうまでもなく、これが合理的に説明されていたからこそ、多くの知識人が傾倒していったのであろう。その状況は、日本であれ中国であれ、異なることはなかったのではないだろうか。

26 『「中国統一化」論争の研究』（アジア経済研究所所内資料、1971年）、および『「中国統一化」論争資料集』（アジア経済研究所所内資料、1971年）。これらは、野澤豊を主査とする「日本近代化とアジア主義」研究会（昭和45-46年度）の研究成果である。当時の呼称は「支那統一化論争」であった。なお、福本勝清「日中資本主義論争史管見」（『明治大学教養論集』通巻336号、2000年9月、1-43頁）は、「1920年代末から1930年代半ばにかけて、日中両国において、ほぼ同時期に、マルクス主義者の間で、幾つかの熾烈な論争が行われた。マルクス主義を標榜する党派やグループ間の論争の中心は、もちろん革命戦略論争であったが、同

矢内原忠雄の「支那問題の所在」[27]において、西安事件後の中華民国が民族国家として統一されるであろうという予測の下に、「当時として実現可能な範囲内での政策論議として提唱」[28]したところに始まる。これに対して『満洲評論』誌上で大上末広[29]が中国内部に近代化のモメントの存在を見いだせないが故に、さらに『満鉄調査月報』では中西功[30]中華民国は統一より存亡の淵に立たされていると、統一への動きを展望する矢内原への懐疑と批判を行い、そこへ尾崎秀実等が加わって議論が展開した。しかし、日中戦争の全面化による社会科学全般への抑圧の結果「支那統一化論争」が終息させられたがそれは、日本資本主義論争なども終息させられたのと同時であった。多くの論者が指摘するように、「支那統一化論争」自体、とりわけ矢内原への批判者はコミンテルン第7回大会で提起された人民戦線戦術による世界革命論の転換に依存して議論を進めており、後述する根岸佶等の中国への内面的理解を試みる方法論とは距離があったと言わざるを得まい。

2　東亜同文書院の中国社会論──根岸佶を例として

書院最初期の教授である根岸佶の中国研究は、自らの足と目で中国を確かめ、それを豊かな古典的教養によって整理し、中国社会とそれを形づくっている中国の人々とを理解しようとするものであった。後述するように、

　　時に、それぞれの社会の現状分析及び現段階規定をめぐるものから、政治・経済・歴史の各分野にまたがる多面的な論争に発展した」（1頁）と述べ、日本資本主義論争、福本が「中国資本主義論争」と位置付ける中国に於ける社会性質論戦、社会史論戦、農村社会性質論戦、そして満洲経済論争と「支那統一化」論争とを取上げ、整理することによって、「急速に資本主義化が進むアジア諸国の、新・旧、あるいは伝統的なものと外来的なもの、前資本主義的なものと資本主義的なものなど、様々な要素が思わぬ形態で結びつき強固に残存する「歪められた近代」の社会構造・経済構造が、より理解可能なものになるものと考えている」（2頁）という。本稿の問題意識とつながる部分が多い。
27　矢内原忠雄「支那問題の所在」『中央公論』第52巻第2号、1937年2月。
28　野澤豊「「中国統一化」論争について」（前掲『「中国統一化」論争の研究』3頁）。野澤の論考は、「支那統一化論争」全体を俯瞰し、整理するものである。
29　大上末広「支那資本主義と南京政府の統一政策」『満洲評論』第12巻第12〜15, 17号、1937年3〜5月。
30　中西功「支那社会の基礎的範疇と『統一』との交渉」『満鉄調査月報』第17巻第8号、1937年8月。

根岸は書院創立期の若き教授として学生達の「卒業大旅行」を指導し、や がてそれらの成果を『支那省別全誌』に纏め、ついで東京商科大学では内 田直作、村松祐次等の後進を育てている。ここでは、根岸の生涯を明治以 降の日本近代史の中で整理しつつ、その問題意識の来源である荒尾精、書 院に言及し、ついでその中国研究のもつ現代的意味について、大枠で示し ておきたい。

(1) 根岸佶の生涯

　根岸佶は1874（明治7）年8月9日、明治維新とその後の版籍奉還、 廃藩置県を経た和歌山県和歌山市に士族覚之助の長男として生まれた[31]。 名の「佶（ただし）」は、諸橋轍次『大漢和辞典』によれば「ただしい」 を第一義とし、さらに「すこやか」の第二義を持つ。正義を重んじかつ健 康に育って欲しいとの、周囲の思いを込めて命名されたものであろうか。 要するに、もと徳川御三家紀州藩士の嫡男として生まれたのである。しか し、すでに幕末から財政的に困難な状況にあって、藩士の給与を半減する 「半知」を行っていた紀州藩は、徳川譜代でありながら勤王の軍を挙げた ということで、薩長を中心とする明治政府への恭順の意をさらに表するた めにも、藩政および軍制改革を行わねばならず、その中で多くの藩士達が 禄を失い、生計を別に求めざるを得なかった[32]。

　その様な事情からであろう、根岸佶の父覚之助は和歌山からほど近い大 阪において巡査を務めていた。多くの旧士族がたどった道であった。1882 （明治15）年5月、佶少年がまだ8歳のころ、父覚之助は同僚数人と共に 抜刀した強盗と格闘し、これを捕縛したものの重傷を負い、その結果殉職 した。この経緯は、同年10月に建立された父覚之助の墓碑銘[33]にある。こ

31　根岸佶の年譜に関しては、特にことわりのない限り、内田直作「根岸佶先生年譜」（『一橋論 叢』第32巻第4号、1954年10月、203-209頁）による。内田直作は、東京商科大学で根岸 の薫陶を受け、根岸同様、東亜同文書院大学の教授職を務めている。また、根岸自身の筆に よる文章を起こした学士院賞に関わる履歴書を参照し、異同を確認した。

32　この間の事情は、木村時夫「明治初年における和歌山藩の兵制改革について」（『早稲田人文 自然科学研究』1969年3月）参照。紀州藩では、新政府に対して恭順の意を示す意味で藩 士体制を解体し、全国に先駆ける形で「四民平等」による徴兵制度を実施し、藩の軍事力を 刀剣から銃砲へ切り替えている。

33　根岸佶の孫に当たる直宏氏所蔵の墓碑銘文面による。根岸家に残された文面には「根岸覚之

の墓碑銘を記したのは伊予の儒者近藤元粋（1850〜1922）であった。近藤元粋と大阪で巡査を務めていた父覚之助との交流が、いつから始まり、またどの程度のものであったのかはよく分からない。しかし、紀州藩最後の藩主徳川茂承が伊予西条松平家の出身であり、伊予西条松平家自体が紀州徳川家の支藩でもあった関係から、両藩の交流は密であった[34]。こうしたことを背景に、明治維新という大きな時代の変化の中にあって、ともに日本の武士としての朱子学を共通の知的背景とする精神世界、教養世界に生きていた者であり、互いに意気投合していたであろう事は容易に想像される。父覚之助殉職の前年にあたる1881（明治14）年には、近藤が講述した『小学纂要』が大阪の書肆明善堂[35]より刊行されている。その事から考えると、近藤も大阪に来たことがあったのであろうし、少くとも父覚之助が巡査として任に当たっていた頃には、すでに往き来があったことが窺われる。根岸佶はその後の中国研究において、欧文同様に漢籍資料を縦横に駆使することになるのであるが、それは近代直前、言い換えれば近世末期の日本における古典的教養を知らず識らずのうちに身につけていたからであり、その来源は父覚之助による幼少時からの薫陶と、父を取り巻く人的ネットワークにあったと言えるであろう。近世日本の知的世界が、他の多くの明治の知識人同様、根岸佶にも脈々と受け継がれていたと言って、差し支えなかろう。そしてそれは、彼ら同様、根岸佶が西欧の新たな文物に接近し、摂取、受容する土壌となり、近代日本の新しい知識人の精神世界を作っていったのである。

さて、1889（明治22）年、根岸佶は満15歳で和歌山県立尋常中学校（現県立桐蔭中学・高等学校）に入学した。現在から見ると年齢超過のように思えるが、学制発布から十数年しかたっていない当時、東京などの都市部

助墓　和歌山県根岸君覚之助大坂府巡査也明治十五年五月与同僚数人捕強盗于某所抜刀抗拒衆併力縛之君奮闘被数創治于大坂病院六月二日遂不起年三十八葬于郭南安部野君亀勉奉職階自四等進二等賞屢受賞云父名徳次郎母角田氏娶九鬼氏生一男一女皆幼官賜百円同僚亦贈如千円以其遺孤且為樹石余乃述其概　明治十五年十月建之　伊予　近藤元粋　撰」とある。

34　伊予西条藩士の江戸往還は、基本的に紀州経由であった。

35　当時大阪心斎橋にあった中川勘助経営の書肆。大阪の古書店、杉本梁江堂のHP（http://www.ryoukoudou.com/history.html）による。それによれば、杉本梁江堂は創業者の杉本要が大阪心斎橋の書肆明善堂から独立し、大阪渡辺町に出版・取次業として杉本書店を開業したことに始まるという。

でもないところでは別段珍しいことでもなかった。そして、中学在籍中の翌1890（明治23）年、日清貿易研究所の創設者である荒尾精の全国行脚に遭遇し、その演説を聴いたことが一生を決定することになる。のちに、根岸の薫陶を受ける内田直作は、この時の荒尾の演説を「清国講演の熱弁」と記している。根岸がいつ、どこで荒尾の演説を聴いたのかはっきりしないが、その内容に関しては、荒尾没後の評伝である『巨人荒尾精』[36]に引用されている1889（明治22）年12月に博多で行った演説[37]から、窺うことができる。

　　私は全体軍人にて参謀本部に奉職して居りましたが、……我が国を拡張するには、商工業の発達を謀り、外国より金銭を引入るゝの手段に越す者あるべからずと考え附き、……遂に軍人社会を脱し、商工業者の御中間入（ママ）をして、商工業の周旋役とは身を変じました。……西隣の支那国は、風土人情より百般の関係、総て我国と類似し、且つ道程の遠近、固より欧米と日を同うして語るべきにあらざれば、所謂易より難に進むの順序を踏みて、茲に断然日清貿易の努むべき理由を得、飽まで之を完備せしめんと奮起したる次第であります。
　　然るに従来我国人にして、支那貿易に関係せしものなきにあらざるも、一人として其利益を博したる者とてはなく、大抵失敗破産の渕に沈み、日清貿易に従事するものは、早晩敗北の覚悟なかる可からずと云ふの有様を呈しつゝある折柄ならば、其何に因りて然るかを研究せんが為に、私は三箇の問題を持って、以て明治十八年に始て支那に渡

36　井上雅二（梧桐）『巨人荒尾精』左久良書房、1910年。同書は、荒尾の遺志を継いで書院を設立し、初代院長となった根津一が全体を校閲し、序文には荒尾の参謀本部勤務以来、そして日清貿易研究所設立以後も関わりの深かった桂太郎が序文を寄せている。なお、本書の奥付には印刷所として博文館が掲げられいる。井上雅二は兵庫県出身、東亜会での活動の後、明治31年11月に同文会と合流して成立した東亜同文会では幹事を務めるなどし（前掲『東亜同文書院大学史――創立八十周年記念誌』49頁）、さらに南洋協会設立にも参加している。井上雅二に関しては藤田賀久「近代日本のグローバリスト井上雅二――その人物像を中心に」（『多摩大学紀要』16号、2014年3月）参照。なお、前掲『東亜同文書院大学史――創立八十周年記念誌』22頁にも、荒尾の博多での演説が抄録されている。本稿での博多での演説の引用は『巨人荒尾精』により、その際旧漢字は常用字体に改め、かな遣いなどは原文のままとした。
37　同上書38頁。

江いたしました。其三箇の問題とは、一に曰く日清貿易に従事せし人は、何故に斯く失敗を招きし乎、二に曰く支那商人の技倆は果して如何なる所ありて、以て我が商人に優る乎、三に曰く従来の失敗を将来に挽回するには、如何なる手段に依拠すべき乎、是の三点なり。[38]

　荒尾は1886（明治19）年4月、軍籍にあるまま中国に派遣され、漢口を拠点に清末中国を調査研究していた[39]。そして1889（明治22）年4月、日本に戻ると翌5月に清国滞在中の見聞、調査に基づく「復命書」を参謀本部に提出して軍籍を退き、自由の身となっていた[40]。そして、総理の座を退いたばかりの黒田清隆、前黒田内閣に引き続き大蔵大臣であった松方正義等と会い、さらに川上操六・桂太郎等陸軍首脳を通じて陸軍の支援を得た。その上で、各地で清国との貿易振興強化を日本各地で呼びかけるため、全国巡回を行ったのである。その際、各府県宛の紹介状を黒田等は荒尾に渡している。

　荒尾の演説は、軍事的勢力拡張より経済的利益の獲得に重点を置き、「備（つぶさ）に東方の実勢」を解説することに始まり、経済面での国威発揚を主張するものであり、「到る処官民歓待して君（荒尾）の演説を聴」[41]いた多くの人々の支持を得たという。その熱烈なる支持者の一人が中学生の少年根岸佶であった。

　荒尾の演説には、その後根岸が研究課題とする中国の社会・経済に関する問題が示されている。ユーラシア大陸の東端に位置する日本が如何に世界に伍していくかという国家の目標の達成と、「四民平等」となった各個人の社会的階梯の上昇とがオーヴァーラップしていた明治という時代、国家の隆盛への道と個人の立身出世が噛み合っていた、ある意味幸せな時代において、荒尾の演説に若者の琴線に触れるものがあったことは事実であろう。しかし、荒尾に啓発された問題意識が、少年根岸佶を後の研究者根岸佶に成長させるには、もう少し時間が必要であった。

38　同上書39-41頁。
39　荒尾精の行動については、同上書15-22頁も参照。
40　同上書17-20頁。
41　同上書37頁。

さて1895（明治28）年4月、20歳で和歌山県立尋常中学校を卒業した根岸は、荒尾の創設した日清貿易研究所への入学を志願したものの「家庭の事情」[42]で果たせず、同年9月に上京する。そして、日清貿易研究所と同様の教育研究を行っていた高等商業学校（現一橋大学）に無試験で入学を許された。東京では下宿生活を送りながら、幼少時から培ったのであろう柔術[43]を渋川流柔術の道場で師範代を務めるなどで生かしながらも苦学し、1899（明治32）年7月、高等商業学校本科を修了し、直ちに専攻部貿易科[44]に進んで中日貿易を専攻した。ここで、研究資料閲覧蒐集のために東亜同文会に出入りし、さらに専攻部卒業前の1900（明治33）年12月、初めて中国に渡ったが、この時は成果がなかったと思い、得るところなく帰国した[45]。しかし、その時に恐らくは同文書院院長であった根津一に見初められたのであろう、すでに「当時、東亜同文書院教授に内定していた」という。根津は上述の荒尾精の盟友であり、1896年に37歳で早世した荒尾の意志を受け継いで南京に同文書院を設立し、それが上海に移って東亜同文書院となる。荒尾の演説に感銘を受けた根岸は5月に、上海で根津と会ったと思われる。その際根岸佶が、荒尾と根津の事業に共鳴した事は言うまでもなかろう。

　1901（明治34）年8月、高等商業学校専攻部を卒業し、満25歳になったばかりの根岸は再び上海に渡り、開設されて間もない書院において、全

42　前掲「根岸佶先生年譜」203頁。詳細は記されていないが、根岸が長男であったことが影響していると考えるのが妥当であろう。もしもの事があれば、あとは母と妹しか残らないのである。

43　嘉納治五郎によって講道館柔道が成立するのは1882（明治15）年であり、根岸佶が柔術師範にあった時期は、近世に成立した「柔術」から「柔道」への転換期にあたっていた。この意味でも、根岸佶を近世から近代への橋渡しの時期に活躍した人物に位置づけることができるかもしれない。

44　1897（明治30）年4月に専攻部を設置し、予科1年・本科3年の上とした（『一橋大学』沿革 http://www.hit-u.ac.jp/guide/organization/pdf/14_63-65.pdf）。なお、1902（明治35）年4月、神戸商業高等学校設置に伴い、東京高等商業学校と改称した。

45　その原因として、内田は「拳匪の乱直後」を挙げている。多少分かりにくいが、同1900年に南京に設立された書院が翌年に上海に移転する際の理由に「拳匪の乱」の影響を挙げており（前掲『東亜同文書院大学史――創立八十周年記念誌』82-83頁）、直接に義和団の影響はなかったので過剰反応と見られなくもないが、当時としては戦乱に巻き込まれる危険性を少しでも避けなければならないという危機感があったものと思われる。

部で14人の教職員中、二人の教授のうちの一人として赴任した[46]。担当した科目は経済と商業であった。根岸の初期の書院における最大の功績は、後述するように、書院の研究教育の代名詞ともなった卒業時の「大旅行」[47]の企画と指導であり、書院退職後にも関わりを持ち続けて編集に関わることになる、書院の中国研究の集大成ともいうべき『支那経済全書』全12輯および『支那省別全誌』全18巻の刊行であった。「大旅行」そのものへの関与は、根岸の提案を受け入れた書院初代院長根津一の命によるものであり[48]、根岸の力量を見込んでのことであった。もちろん、「大旅行」指導に先だって、根岸自身が「揚子江流域の各都市や、北京、天津、旅順、大連のほか山東、直隷、福建、広東各省の主要都市を踏査し、その間、北京に『光緒会計録』の著者李希聖を訪ね、また上海董家渡の米問屋・周廉生に中国簿記の教えを受けるなど、実情把握の努力」を積み重ねていたからに他ならない[49]。根岸自身、個人での調査活動の限界と同時に、調査活動を通じて後進を育てる必要とを感じ取っていたと言えるのではないだろうか。根岸は、書院生を毎年数班に組織し各地に派遣したが、調査報告書作成に当たっては「『真実を書くこと、理屈をつけぬこと、出所不明の曖昧なことを書かぬこと』などを厳に注意した」[50]という。いずれも、論を俟

46 前掲『東亜同文書院大学史——創立八十周年記念誌』91-93頁。なお、92頁には、根岸自身の筆になる「創業当時の思い出」が引用されている。それを見ると、「当時の教職員中不惑を越えたものは院長（42歳）一人のみで、菊池・木造・西田の三君は三十代で他はことごとく二十代であった」し、学生も中には教員より年長者も居り、「飯食居住等は上院長より学生に至るまでだいたい平等であった」という、根岸自身が高商時代に過ごしていた渋川流柔術道場での寄宿生活と、さほどの距離はなかったであろう。
47 書院学生は「最終学年（大学では学部二年）を迎えると、その年の夏休みを返上し、二カ月ないし三カ月、ある時は六カ月に及ぶ中国内陸部や東南アジア各地の調査大旅行を毎年繰り返して実施してきた」（前掲「東亜同文書院大旅行と根岸佶先生——その学問と生涯」霞山会『東亜同文会史論考』1999年、124頁）。
48 前掲『東亜同文書院大学史——創立八十周年記念誌』187頁。前掲「根岸佶先生年譜」204頁。前掲「東亜同文書院大旅行と根岸先生」128頁。「大旅行」は、日中関係の険悪化の中で目的地の変更、警護問題などを抱えつつ、1942（昭和17）年まで続いた（前掲『東亜同文書院大学史——創立八十周年記念誌』194-195頁）。なお、「調査報告書は参謀本部・外務省・農商務省に各一部あて寄贈す」（同前）とあり、経費も含めて国策の一環でもあったことを示している。
49 前掲「東亜同文書院大旅行と根岸先生」128、130頁。後述のように、根岸自身も同様の事情を回想している（東亜同文書院滬友同窓会編『山洲根津先生伝』1930年、前掲『東亜同文書院大学史——創立八十周年記念誌』187-188頁）。
50 前掲「東亜同文書院大旅行と根岸先生」132頁。

たない研究倫理の根本である。

　その後、1907（明治40）年4月、根岸は健康を害したために東亜同文書院教授の職を辞して帰国した。とはいえ、同年9月には書院の母体である東亜同文会調査部主任を依嘱されてこれを受け、さらに1914（大正3）年には東亜同文会幹事を依嘱されている。上記のように根岸は『支那省別全誌』などの刊行に関わり続けるのであり、さらにその後もしばしば上海に足を運んで「大旅行」への助言を行っていた。この間、1911（明治44）年には東京朝日新聞政経部中国担当の記者となり、1916（大正5）年までその任にあった[51]。ジャーナリズムの仕事に携わる一方、母校東京高等商業学校にて講師を依嘱され「東洋経済事情」を担当している。そして1917（大正6）年12月、東京高等商業学校教授となり後進の指導育成に当たった。また、1916（大正5）年には臨時台湾旧慣調査会から「南支那に於ける商習慣及其変遷調査事務」を依嘱され、1918（大正7）年には「殖民政策及経済事情研究」のため、アメリカ・イギリス・フランスへの2年間の留学を命ぜられ、翌年3月に日本を離れている。

　帰国後の1933（昭和8）年12月、『支那ギルドの研究』によって東京商科大から経済学博士の学位を授与された。翌々年1935（昭和10）年3月、停年により商大を退職したが、その後も講師を勤める傍ら、商大学生課長心得も依嘱されている。戦後の1950（昭和25）年7月に一橋大学東京商科大学客員教授の称号、翌1951（昭和26）年には一橋大学名誉教授の称号を授与され、さらに1954（昭和29）年5月には、『中国のギルド』によって日本学士院賞を授与されている。商大での教え子には村松祐次・石川滋・内田直作等錚々たる顔触れがおり、さらに『中国法制史研究』の仁井田陞や、『北平市民の自治構成』で知られる今堀誠二などにも、幅広く影響を与え続けた。そして、商大のあとを継いだ一橋大学では、根岸佶の系譜は先にあげた村松祐次らの他に戦前にウェーバー学者として学術世界の経歴を開始し、敗戦を期に中国古代史研究に転じた増淵龍夫らにも受け継がれた。なお、根岸の著作活動は商大退官後に集中している。公務を離れ、漸く自由になる時間ができた故、であろう。

51　なお、東京朝日新聞社退職後も、客員として朝日と関わっている（前掲「根岸佶先生年譜」205頁）。

晩年の根岸佶は、相模湾に面した逗子の高台にある自宅で、遠く富士を望みながら研究生活を継続し、1971（昭和46）年7月に亡くなるまで、子や孫達に囲まれ、また折々訪れる教え子達との歓談を楽しみにしながら、日々を送られた。

(2) 根岸佶の中国研究

根岸の学問について、上記の増淵龍夫は以下のように述べる[52]。多少長くなるが、引用しておこう。

> 若き日、中国に渡られて、そこで感得され、手がけられた問題をば生涯を通じてもちつづけられ、その御研究の成果が、七十歳より八十歳に至る期間において、やつぎ早に、陸続として実をむすばれて行く、と云うこの驚嘆すべき事実は、私達後進に対して何を教えているのであろうか。先づ第一に、先生が畢生の事業として選ばれたこの研究テーマは、云はば前人未踏の処女地の開発に比すような、異常な困難を伴うものであつたと云うことである。
>
> 周知の様に中国の王朝中心の史書は、汗牛充棟もただならない程あるが、一旦民間の社会経済組織に関することとなるとそれに関する資料は何等特別に保存されてもおらず、整理もされていない。自ら身を労して、資料を採訪し、蒐集する外はないのである。先生の学問生活の担当部分は、この労苦にみちた、しかも目立たない第一次資料の蒐集ときわめて多数の文献史料の整理についやされているのである。先生の御研究は、学問的な意味では、まだ何人も手をつけていない未開拓の領域であつたのである。それは資料の集蒐（ママ）と云うきわめて困難な、むくいられるところの少い地味な、そして長期にわたる準備期間を必要とする御研究であつたのである。
>
> このような異常な困難を予想せられるテーマに先生はなぜとりくまれたのであろうか。それは、中国のギルドと先生が名付けられたものの中に、単なる商業組織という技術面だけではなしに、中国の社会組

---

52 増淵龍夫「老いを知らぬ研究熱 斯界の指標『中国のギルド』」『一橋新聞』1953年。

織全般に通ずる中国固有の社会結合と社会秩序の核心がひそんでいると看破せられたからである。その御研究のオリヂナリテイーと、その問題着眼のすぐれた適確性は、先生の生涯をかけての業績を後々までも残る不朽なものとした。中国社会研究という未開拓の荒野に、先生によつて初めて大道がきり開かれたのである。先生が長年の苦心によつてきり開いたこの道は、今や天下の公道となり、わが国では仁井田、今堀、内田の諸氏が、この道を通つて先生の後につづいていることは、改めていうまでもあるまい。

①中国との出会い——書院生卒業大旅行と文献研究

根岸は書院の教育を特徴づける「卒業大旅行」に当初から関わっていた。その当時を回想して、根岸自身は次のように述べている。[53]

　書院の重要な使命の一つは、中国事情を良く知ることであったが、当時日本人の支那に対する知識は少なく、特に経済、商業においては甚だしく、邦人の著書としては『清国通商綜覧』(清国商況視察復命書)くらいのもので、在支邦人は支那買辨の仲介を籍りなければ直接支那人と取引することはむつかしかった。

　明治の初期、横浜居留地の洋館に頼らなければ外国貿易ができぬと同様であった。そこで書院は買辨を使わないで、直接支那人と取引のできる実務家を養成することを以てその使命の一とした。余は根津院長の命によりその局に当たることとなったが、青二才の身であり、又支那商務についてほとんど知識がなかったから董家渡米店の掌櫃的周君について支那商業実践をよく勉強し、暇ある毎に上海に出て実地取調べをし、その得たるところを聚めて書院学生指導の為の資料とした。幸い学生は皆支那知識を得るに熱心であり、又院長の立案により毎年蘇州、杭州、漢口、北京、天津を限り旅行をしたので、一学級を数班に分け各班に特殊の研究題目を課し、先ず上海で調査能力を養わしめ、実地調査をなし、卒業報告書を作らしめた。諸報告中秀逸であった神

53　前掲『山洲根津先生伝』187–188頁。

津、大原両班提出の「清国商業慣習及び金融事情」を出版し、之を有志に頒布したところ、好評を得たので、大いに意を強くし、諸報告を十二巻に編輯して『支那経済全書』と題し世に公にした。従来この種の著書はどこにも無かったので望外の名声を博した。之で大体支那開港場の商務事情が判り、書院の諸教授の薫陶もまた頗る宜しきを得たので、卒業生はコンプラドール（「買辦」）に頼らないで支那人と直接取引が出来る様になった。

ここにある「コンプラドール（買辦）」こそ、中国に進出しようとした日本商人が直面した切実な課題であり、すでに18世紀末以降清朝統治下の広州などで、政治的経済的に優位にたち、中国に圧力をかけていたイギリス人までが対応に苦慮していた難問であった。そしてこの問題の探求が、後述する根岸佶の主要著作の一つである『買辦制度の研究』（日本図書、1948年11月）に結実するのである。根岸にとって、中国の買辦は開国初期の日本が欧米諸国と取引する時に、「居留地の洋館」を通さねばならなかったことで多大の不利益を被ったことなのである。「不平等条約」体制下での制約から感じ取った問題意識が根柢にある。中国においても同様に貿易実務が困難をきわめていたわけであり、その原因がどこにあるかを明らかにし、いかに対応するかという問題意識から出発したのである。ここで指摘しておかなくてはならないのは、根岸が難物としかいいようのなかった中国とその社会、商取引を前にして取った方法論が、まず何よりも実地調査であったことであり、やはり特筆すべきことであろう。根岸は問題意識を共有する書院生に、とにかく中国語を「厳課する」ことで複雑に階層化地域化している中国現地での対話能力を身につけさせ、さらに上海・漢口・北京・天津の「諸大都における商慣習」などについて実地調査を行い、さらにその後書院生を数班に分けて中国内地に派遣した[54]。その報告書が「積んで十余万枚に達し」、これが1907（明治40）年刊行の『支那経済全書』全12輯の基本材料となるのである。周知のように、書院学生の卒業旅行報告書は文字通り「汗牛充棟」の分量であるが、書院開設当

54　根岸佶『買辦制度の研究』日本図書、1948年、1頁。

初からそうした研究が蓄積されていたことが理解されよう。ともあれ、根岸の提示した書院学生教育の方針はこの後も堅持され、「卒業大旅行」に継承された。また、そのような調査の蓄積が『支那省別全誌』全18巻（1917～20年）という成果として結実するのである。根岸は、書院退職後もしばしば上海に赴いて書院生の卒業旅行を指導し、いろいろな相談に乗っていた。書院の卒業大旅行と根岸とは、切っても切れない関係にあったのである。

根岸は、しかし、文献研究を等閑視していた訳ではない。川村宗嗣が編纂した『中華民国民・商法』[55]の序文において、根岸は次のように述べている。

　　……支那二於ケル治外法権撤廃ハ、一八七八年ノ列強ヘノ提議二其兆ヲ発シ、一九一二年ノ華府会議二其勢決セリ。唯外人ノ準拠スベキ法典編纂セラレザルト、鞏固ナル中央政府樹立セザルガ為メ、実現スルニ及バザリシナリ。最近国民政府都ヲ南京ニ奠メ、新法典ヲ発布スルモノ踵ヲ接ス。治外法権ノ撤廃セラルルノ年、指ヲ屈シテ待ツベキナリ……畏友川村宗嗣君、拮据数年、曩ニ大理院判決例同法令解釈及諸法令ヲ研究シ、其要旨ヲ採ツテ民法々典体ニ擬シ、支那現行民事法々則ヲ編纂シ、之ヲ公ニシタリ。今又国民政府ノ民商両法典ヲ翻訳シ、逐条我法典ト対照シ、将サニ之ヲ世ニ問ハントス。其治外法権撤廃ニ対シ、意ヲ用フルコト周到ニシテ、吾人支那ニ関係アルモノヲ益スルコト大ナリト謂フベシ。……[56]

これは、1930年の文章であり、国民革命の進展によって民国政府が統一政権としての面目を一新し始めた頃、貿易に関しても法整備が進められている状況下での発言である。日中両国の法体系比較への視点には、日本が国際経済において不利にならぬようにとの見方は当然として、対等な国家としての中華民国の成長を直視している様子が窺われよう。これもまた、

55　川村宗嗣編『中華民国民・商法——日本民・商法令対照』東亜同文会調査編纂部、1930年。
56　『中華民国商・民法』からの引用は、江頭数馬「昭和期の東亜同文会の活動」（『東亜同文会史論考』霞山会、1998年、63頁）。

地に足を着けて中国を見てきた根岸の当然の意志表明であろう。

②根岸佶の中国研究の現代的意義

戦後も、根岸佶は研究を続け、陸続としてその成果を公刊した。

根岸は、戦後も研究を継続しただけでなく、その20世紀初頭に発する問題意識が戦後になって具体的に成果として結実した。方法論も一貫しており、「文献史料の整理」も現実の中国を直視することから始まり、理論先行でなかったことに裏打ちされていた。

そうした研究成果の中で、特に重要なものに「買辦論」がある。先に挙げたように、根岸は1948年11月、敗戦3年後に『買辦制度の研究』を公刊した。その諸論は次の文章で始まる。

> 明治三十四年余は東亜同文書院の聘に応じて上海に赴いた。当時は正に買辦の全盛期であつて、彼等が洋行即ち外商の利権を壟断することを目撃した。……日本人の買辦を説いたものも多いが、其の観るべきものは土屋計左右氏の『買辦制度』と内田直作氏の『買辦制度の研究』の二のみだ。……買辦制度は歴史的産物であるから、之を歴史に徴して研究するのでなければ其の本質を把握することは出来ない。……又買辦制度は法律的産物であるから、之を換言すれば、買辦の資格は洋行との契約に依り決定せらるものだ。……買辦制度を研究するもので、買辦の性格を検討するものは殆んど稀である。……中国では制度に依り動くものでなく、人に依り動くものである。人が主であつて、制度が従であるのだ。[57]

書院への赴任当初の問題意識から説き起こし、「買辦」なるものが中国社会のあり方に深く依存していることを強調する。時に、中国共産党による中国大陸制覇が目前の時であった。そうした変動期にあったにしても、根岸の言を表面的にしか理解できなければ、中国を単なる人治社会で割り切ろうとする頑迷固陋な姿でしかあるまい。しかし、諸論は次のように続く。

57　前掲『買辦制度の研究』4-6頁。

東亜同文書院の20世紀中国社会論

　　余の研究する所に依ると、買辦の本質は牙行の変種であつて、其の性格は国際化せる士大夫型の商人である……彼等の職分は多端であつて、移風易俗、排難解紛、好義急公などの言を以て現され、殆んど国家の機能を網羅するのであつて、大小紳士は力の多少に応じて其の一部乃至全部の職分を尽くすべきものとせられる。……私利を追求するのが商人の道であるとのことだ。行商は紳士を以て任とするのだから、兵乱が起これば之を鎮静し、飢饉迫れば之を救済し、喧嘩は之を仲裁し、文教は之を興隆し、国家事ある毎に資力を竭したものであって、私利のみを追求することはしなかった。……買辦は紳士であるから、世間の彼等に期待する社会的、公共的、慈善的な諸職分を尽くさなければならぬ。……紳士は、其の地位に応じて職分を尽くすから、宗族、郷党、ギルド其他の団体など自己管下の成員を動かし得るものだ。[58]

　このように説明するのを見ると、根岸は「買辦」の生命力の強さを主張するだけでなく、「買辦」が歴史状況に対応する柔軟性を持ち、しかも社会的紐帯としての機能も果たしていることを述べていることがわかる。そうなると、「買辦」は単純に過去の遺物とばかりも言い切れなくなってしまうのではないだろうか。根岸は、伝統中国への目配りを忘れずにいたため、変動する中国社会において「不易」の部分が確実に存在していることを把握していたと言えよう。中国社会は、とりわけ近代以降激しく変容し続けているように見えるが、その基底部分は果たして変化して来ているのであろうか。伝統中国と別のものになっているのであろうか。20世紀中葉の「変革期」といわれる時代であったればこそ、「不易」から目を背けなかった根岸の姿勢は評価されるべきであろう。この点は、『買辦制度の研究』の5年後、1953年4月に公刊された『中国のギルド』[59]にさらに明確に表されている。

　　世上往々中国の政府なるものは治安を維持し、租税を徴収するを以て職能となすに止まるものとするものがある。……但し、政府は人民

58　同上書7-14頁。
59　根岸佶『中国のギルド』日本評論新社、1953年。

の福利を保護増進するにつき遺憾あるのみならず、特に商人に対しては、抑制政策を採つた。しかし郷村などについては可成人民の自治に一任し、治安に害なき限り、民間諸団体に干渉しなかつた。それで人民は国家に依存することなく協同自治により生活することを図つた。彼等の生活を見るに三様式あつて、一は家族、二は郷党、三はギルドである。……中共はその理念と政策に照し、所謂封建的遺制たるべきギルドを存在せしむべき筈なく、地方政府のうち之を廃止するものもあつた。しかし、現状に於て貨物の生産流通上ギルドの必要がある。加ふるにギルドは宋時のそれの如く、政府の御用を勤め、納税献金につき政府に協力する。それで中共はギルドの復活を許し、反つてその利用に努める。これがためギルドをして資本主義の軌道に乗つて発展せしめ、中共を害することを怖れ、国家資本主義の軌道に乗つて発展せしめ中共を利せしめんとし、ギルドの改造に指を染むるやうになつた。中共勢力圏外に居住する中国人は今猶ほギルド生活を営んでゐること言ふを俟たぬ。[60]

　これは、『中国のギルド』諸論冒頭部分である。先に挙げた『買辦制度の研究』では明示されない中国共産党の存在と活動を正視し、当時の歴史状況において、中国共産党も中国社会の「不易」であるギルドを無視することはできず、これに依拠せざるを得ないとしている。況んや、中国共産党の影響力の及ばない中国以外の地の華人社会においてをや、であるというのである。このことは、21世紀の中国において、写真に示したように、商人ギルドの寄合の為の組織、建築物であった「会館」が建設、あるいは再建されていることからも確認できよう[61]。

60　同上書1-4頁。
61　筆者は、2007年7月、中国青海省西寧市において、「山陝会館」改築の現場を見た（写真参照）。西寧は内陸部の都市であり、チベット世界への入口としても知られるが、ここに会館を設置するのは「山陝」すなわち、「山西」「陝西」両省出身者のためであり、歴史的には「山西商人」にまでさかのぼれるのかもしれない。2007年7月21日、筆者撮影。

東亜同文書院の20世紀中国社会論

写真1　山陝会館完成予想図（2007）

写真2　工事中の山陝会館（2007）
（内部に取り壊し予定の旧会館）

写真3　設計は洛陽の業者（2007）

小結

　周知のように、1945年8月の敗戦は東亜同文書院大学の継続を不可能にした。そして、書院の中国研究も又、中国での継承は夢物語となってしまった。満鉄などが行った中国現地における緻密な調査も、その追跡などは手の届かぬものとなってしまった。少なくとも毛沢東時代の中国は、イデオロギーに依拠しない研究は認められず、抑圧を受ける存在であった。そして、書院の中国社会研究は、根岸が帰国後奉職した商大、一橋大学に継承されていった。根岸の教え子であった村松祐次は、根岸が『買辦制度の研究』や『中国のギルド』を公刊したのに前後して『中国経済の社会態制』[62]を刊行した。その序文に於いて、村松は以下のように述べている[63]。

> この小さな書物を自分で書き始めた時、新聞やラジオは京津の戦況を報道していた。……中共軍は今明日にも上海に入りそうな形勢である。辛亥革命の時にも、国民革命の時にもそうであったが、この国の政治革命の足は、いつも異常に早い。……人が「封建的」「半封建的」態制の強固な残存と言うもの、……中国経済の伝統的な態制、その社会的な制度的な框廓の考究を通じて明日の中共経済のあり方を間接的に考えようとしたものである。[64]

　状況の変化に惑わされず、かといって中国共産党の政策展開を無視せず、そのよって来たる根拠を「不易」中国の中に求めようとしているのである。さらに、議論の大方向を次のように示し、性急な判断を回避するのである。

> ……中国の社会経済的諸事象を論ずる場合の、そのような政治的要因に与えられている地位は不当に重く、不必要に決定的すぎる。……

62　村松祐次『中国経済の社会態制』（東洋経済新報社、1949年）。筆者が所持しているのは1975年の復刊である。なお、「態制」とはあまり用いられることのない用語であり、村松の説明によれば「制度的連関」を意味する。
63　村松祐次に関しては、拙稿「村松祐次の中国論──『中国経済の社会態制』について」（『愛知大学国際問題研究所紀要』No. 147、2016年3月、63-80頁）参照。
64　前掲『中国経済の社会態制』iii-iv頁。

南京政府が南遷して中共軍が長江流域を席捲するとともに、中国ににわかに全く新しい社会経済的態制が実現するかの如くに考えたりするのは、最近絶えず見、絶えず聞く奇妙な見当違いのただの一、二の例に過ぎない。……国民党は地主と資本家の、中共は貧農と労働者の政府であって、中国の社会態制を構成している社会階級の中に、それぞれ独自の基底をもち。それぞれ独自の利害関係を代表している。……政権の推移のごときは自から成就せられる。……このような考え方が我国の中国論の通説には自明の、したがって考証を用いない前提となっている場合が多いようである。……ここではそのように考えて誤りないのであろうか、と言う事をまず疑って見たい。[65]

　根岸佶の薫陶を受けた者として、面目躍如たる分析視角であろう。共産党と国民党にいかほどの距離があるのか等という議論は、「改革開放」の時期を経て、中華人民共和国と中国共産党にイデオロギーを仮託し、あるいは対抗するイデオロギーと規定することの無意味さが周知されるようになって、漸く一般に語られるようになったものではないだろうか。村松は、国共両党を類型化して単純に理解する危険性を述べている。イデオロギーとは無縁の主張である。

　21世紀に入ってすでに20年近くたった現在、中国をイデオロギー国家として、夢の対象として分析しようとする者がもはや存在しようとは思われない。却って、中国自身が大国志向の姿を露骨に出し始めることによって、伝統中国と呼ばれる明朝、清朝の中華帝国がよっていた「大国」としての世界秩序を、「天下国家」意志との復活と相俟つて再構築しようとしているとさえ見える。中国国内でも、旧聞ではあるが人民公社が解体したあとには旧来の村落の枠組みが浮かび上がったり、すでに述べたように商人組織も再構築されているようである。こうした現代中国を視るに際して、「流行」ではなく「不易」へのアクセスは、今後益々求められるのではないだろうか。その意味で、20世紀書院の中国社会研究を今一度検討する価値は十二分にある。勿論、伝統中国は過去の存在であり、現実の中国と

---

[65] 同上書5–7頁。

は歴史的距離がある。しかし、それを踏まえた上で「不易」を社会の中に求める試みは有効性を持ち続けるであろう。

　なお、本稿後半は、拙稿『根岸佶著作集』第1巻解説をもとにした。

参考文献

『根岸佶著作集』全5巻が、不二出版より刊行されている。

大学史編纂委員会編『東亜同文書院大学史——創立八十周年記念誌』滬友会、1982年
根岸佶『支那ギルドの研究』斯文書院、1932年
　　　『華僑襍記』朝日新選書、1942年
　　　『中国社会における指導層——耆老紳士の研究』平和書房、1947年
　　　『買辦制度の研究』日本図書、1948年
　　　『上海のギルド』日本評論社、1951年
　　　『中国のギルド』日本評論新社、1953年
内田直作『日本華僑社会の研究』同文館、1949年
小竹文夫『上海三十年』弘文堂アテネ文庫、1948年
　　　『近世支那経済史研究』弘文堂、1942年
仁井田陞『中国の社会とギルド』岩波書店、1950年
　　　『中国の法と社会と歴史』岩波書店、1967年
　　　『東洋とは何か』東京大学出版会、1968年
今堀誠二『北平市民の自治構成』文求堂、1947年
清水盛光『中国族産制度攷』岩波書店、1949年
　　　『中国郷村社会論』岩波書店、1951年
平野義太郎『大アジア主義の歴史的基礎』河出書房、1945年
戒能通孝『法律社会学の諸問題』日本評論社、1943年
村松祐次『復刊 中国経済の社会態制』東洋経済新報社、1975年、初版：1949年
　　　『近代江南の租桟』東京大学出版会、1970年
増淵龍夫『新版 中国古代の社会と国家』岩波書店、1996年、旧版：弘文堂、1960年
　　　『歴史家の同時代的考察について』岩波書店、1983年
足立啓二『専制国家史論——中国史から世界史へ』柏書房、1998年

語学学習者の受け皿としての満洲
―― 明治期『満洲日日新聞』記事から読み解く満洲での
　東亜同文書院生の活動

湯原健一

はじめに

　日本は明治以来、学問・技術の近代化を推進するため、西欧諸国から制度、文物、習慣といったものを積極的に吸収していくこととなる。また、それを行う機関として近代的な学校制度が創設され、旧制高等学校や帝国大学などの整備が行われ、これらを母胎として多くの官僚や経済人が輩出されていくこととなる。

　明治初期の学校制度において西欧を学び取る「ツール」として重要視されたものに語学が挙げられる。しかし、一口に「語学」といっても、その性格は相手国によって大きく異なった。

　ドイツ語、英語、フランス語などいわゆる西欧諸国の言語は、近代国家としての制度、組織を設計するための「語学」であった。これに対して、明治以前の先進言語として捉えられていた中国語は、近代化以降は知識を活用し生産を行うための語学から、消費される教養としての語学へと変化していく[1]。

　戦前における外交官任用試験である文官高等試験の外交科においても、必須とされた外国語は英語、ドイツ語、フランス語のいずれかのうちの一つであった。これに中国語が加わるのは、1929年に「高等試験令」が出

1　安藤彦太郎『中国語と近代日本』岩波書店、1988年、2頁。加藤徹『漢文の素養』光文社、2005年、232–233頁。

されて以降となる[2]。また、行政科の試験においては中国語ではなく、漢文が選択科目として採用されていた。

このように国家基盤を形成するツールとして活用されていく西欧諸言語に対して、実用や商売のためのツールとして利用されていく中国語という、言語間の格差という構図を垣間見ることができる。こうした、道具としての言語に位置づけられた「中国語」を巡る状況が変化していくのは、日清、日露の二つの戦争であると言われる。

日清戦争において日本は、1895年4月の下関条約により、台湾を領有する。しかし、台湾が新領土となったことは同時に、従来の日本には存在しなかった「外地」という異空間を発生させる。すなわち、大日本帝国憲法の施行区域には台湾は含まれておらず、いわゆる「六三法」と呼ばれる委任立法下に置かれることとなった[3]。こうした法律的な問題のみならず、より直接的に台湾に暮らす原住民や漢族という異民族がその社会体制に組み込まれるという事態が発生する。日本語を母国語としない集団が存在し、日常的にそうした集団と接触し、交渉をする必要性が生じていく。

また日露戦争においては、ポーツマス条約により、ロシアが有していた遼東半島の先端部分である「関東州」と、東清鉄道の大連〜長春間の鉄道と附属する炭坑の租借権などを獲得している[4]。これは、再び日本という社会体制内に「外地」が生じたといえる。

明治において台湾、関東州、朝鮮へと海外進出した日本という国家は、いうなれば西洋的言語を用い積極的に西欧近代の諸制度を摂取し、それを制度化した国家であるという側面と、アジアの諸地域を統治する国家という二つの側面を併せ持つこととなる。

こうした状況に合わせ中国語をめぐる状況も次第に変化していくこととなる。第一に日清、日露の二つの戦争で獲得した「外地」は台湾、関東州であり、ここを統治するための言語としての中国語の必要性が生じる。第

2　百瀬隆『事典 昭和戦前期の日本——制度と実態』吉川弘文館、1990年、97-98頁。
　　1941年に高等試験令が改正され、外交科の試験と行政科の試験が統合された際に、中国語は外国語試験の選択科目から外され、再び英独仏の3カ国語からの選択へと変更された。
3　春山明哲「近代日本の植民地統治と原敬」『日本植民地主義の政治的展開』アジア政経学会、1980年、3-9頁。
4　柳沢遊『日本人の植民地経験 大連日本人商工業者の歴史』青木書店、1999年、23-25頁。

二に台湾、関東州などの「外地」や中国大陸において交渉や商売をするために必要な言語として中国語の習得を求める声が起こってくる。

こうした状況に呼応するように中国語を専門的に学習する教育機関が相次いで創設される。その代表例が東亜同文書院と台湾協会学校（後に東洋協会学校へと改称）である。

台湾協会学校は1900年、台湾および「南清地方」において公的、私的活動に従事する人材育成を目的に、東京に開設された。授業では法学、農学、アジア史などの授業が設けられた他、台湾語および北京官話が科目として設定された[5]。

東亜同文書院は、台湾協会学校創設の翌年に創設された。

1901年、上海に創設された東亜同文書院は、その創設母胎である東亜同文会が提唱する「日中提携」、「東亜保全」の方針に従い、対中貿易の実務に従事する人材育成を目的として創設された。同文書院では、開校当初には政治科、商務科の2学科が設けられていた[6]。これらの2つの学科では、共通科目として「清語」の他に、「清国政治地理」、「清国商業地理」、「清国制度律令」など、当時の中国社会に即した講義が行われていた。

「外地」や中国国内で商売・交渉を行う人材育成を目的とした東亜同文書院と外地を統治する人材育成を目的とした台湾協会学校と、この同時期に開設された学校の創設目的を比較するならば、前述したような中国語を巡る状況の変化を読み取ることができる。

さて、こうした教育機関に入学し、そこで学び、一種の特殊技能としての語学を身につけた卒業生たちは、どの様な進路選択を行ったのであろうか。

『東亜同文書院大学史』の記述によれば、書院生の卒業生の進路として「日本官吏」、「満洲及蒙疆政府官吏」、「独立企業」、「銀行業」、「商工業・会社」、「教育」、「新聞及通信」、「公益事業」などが挙げられている[7]。これらを『大学史』の「各期回想録・銘々伝」などでさらに、細かく見ていくと、石射猪太郎のような外交官となった者や関東都督府など外地統治機関の官吏と

5 　池田憲彦「台湾協会学校の創設」『拓殖大学百年史研究』第7号、2001年6月、64–65頁。
6 　大学史編纂委員会編『東亜同文書院大学史——創立八十周年記念誌』滬友会、1982年、83–89頁。以下、『大学史』と略記。
7 　同上85頁。

なった者、三井、三菱などの商事会社の社員となった者や満鉄、横浜正金銀行など日本の対外活動と密接に絡んだ企業へと就職した者など、多岐に及ぶことが見て取ることができる。

では、こうした書院生（語学学習者）の卒業後の進路選択とは、一体どのようなものであったのか。本稿においては、明治期における満洲での同文書院関係者の活動を検証し、書院生が卒業生の進路選択において満洲を選んだ動機、または満洲地域の組織、社会がどのように書院生を求めていたかを検証していく。

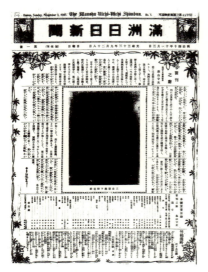

写真1　『満洲日日新聞』創刊号
『満洲日日新聞』1907年11月3日第1面

満洲での同文書院関係者の動向を知る上で、本稿では手がかりとして日刊邦字紙である『満洲日日新聞』を使用していく。

『満洲日日新聞』は、1907年11月3日（明治天皇の天長節）に日本租借下の関東州大連で創刊された。日露戦争後の満洲地域での日本の活動や国策宣伝を目的として、満鉄初代総裁である後藤新平の提唱により創刊された日刊邦字紙である[8]。創刊後、大連や満洲地域に創刊した他の日刊邦字紙との合併、買収を繰り返し、「全満を通じて第一流の新聞」[9]と称されるまでになる。最盛期には4万1千部まで発行部数を伸ばし、日本の影響下にあった満洲地域で購読されていた[10]。その刊行期間も1907年から1944年と満洲における日本人社会の活動期間をほぼ網羅している。その意味で、満洲地域での日本人の動向の一端をうかがい知ることができる史料であるといえる。

8　李相哲『満洲における日本人経営新聞の歴史』凱風社、2000年、87頁。
9　井上謙三郎『大連市史』大連市役所、1936年、764頁。
10　前掲『満洲における日本人経営新聞の歴史』363頁。

『満洲日日新聞』は前述の通り、日刊新聞である。無休刊で月曜から日曜まで発行され、明治期を見る限りでは、ほぼ休刊や発禁がなく発刊されている。発禁がないという点から見ても、創刊時に国策宣伝を企図して創刊された新聞であるという性格が垣間見える。

つづいて、新聞の紙面である。明治期においては、月曜日が全4面構成となっており、火曜日から日曜日までが全6面構成となっている。これに加え、戦前の皇室祭祀日や各種記念日には、通常紙面を越えた大部の紙面となっている。また、新聞本紙とは別に関東都督府の官報に当たる「府報」や、行政機関である民政署の「署報」、満鉄の時刻表、「彩票（宝くじ）」の抽籤結果などが「附録」という形で掲載されていた。

今回、明治期の満洲における同文書院生の動向を調べるにあたり、その全ての紙面を調べることは時間的な制約から難しい。そこで今回は国際ニュースや地方ニュース、さらに人事などが掲載される第2面と大連、旅順など地元ニュースが掲載される第5面を中心に調査を行う。

1 同文書院関係者と満洲との「接触」

東亜同文書院生が満洲という地域に、いかに接触していったのか。個人レベルでの接触については、残念ながら不明であると言わざるを得ない。

同文書院の学習研究活動の特徴といえる、いわゆる卒業論文作成のための実地調査活動である「大旅行」が制度化されるのは1907年のことである[11]。書院入学年次としては第5期生（1907年入学生）が、最初の「大旅行」を行っている。第5期生が訪れた地域は、上海、漢口、広東、香港、芝罘、北京などを中心とした地域であり、満洲へは赴いてなかった[12]。5期生以前の書院生が行った調査旅行においても杭州や安徽、武漢といった地域が主となっており、やはり満洲へ向かうことはなかった[13]。

こうした中、同文書院生が大規模に、満洲と最初の接触を行ったのは、1904年から始まる日露戦争である。

11　前掲『大学史』101-102頁。
12　同上415頁。
13　同上399-401、404、413頁。

表1　日露戦争従軍通訳言語別統計

言語	従軍者数(人)
清語	890
露語	365
韓語	93
英語	55
独語	5
仏語	12
露、清語	20
英、露、清語	6
露、清、韓語	1
樺太土語	7
合計	1,454

出典：JACAR Ref. C06040186300

　日露戦争は、周知のように日本とロシアが行った戦争であり、戦争当事国である日本、ロシアの領土ではない満洲がその主戦場となった。そのため、交戦国の言語であるロシア語の通訳が必要となるが、主戦場となった満洲で使用される言語である中国語の通訳も必然的に必要となる。

　陸軍省人事局補任課が作成した「明治三七、八年戦役陸軍省人事局補任課業務詳報」に添付された「附表4　清語、露語、韓語通訳官統計表」[14]には日露戦争に従軍した通訳の総数が記されている。全ての言語を合計した通訳官の総数は1,454人となっている。内訳として「清語」通訳が890人、「露語」通訳は365人、「韓語」通訳93人、「英語」通訳55人、「仏語」通訳12人、「独語」通訳5人、「その他」34人であった[15]。従軍した通訳の実に約61％が「清語」＝中国語の通訳であったことがわかる。

　さらに同表には、各通訳の出身校の統計も添付されている。「清語」のみに絞り内訳を見ると、帝国大学卒業1人、「外国語学校」[16]（含卒業生、生徒、別科）65人、「台湾協会学校」（含卒業生、生徒）88人、「東亜同文書院」卒業49人、「支那語学校」[17]卒業2人、「台湾国語学校」[18]卒業5人、一般志願試験採用252人、同無試験採用422人、「清国人より採用の者」6人となっている。

　前述のように日本の近代化を推進する人材を確保するために創設された

14　JACAR（アジア歴史資料センター）Ref. C06040186300「附表第4　清語、露語、韓語通訳官統計表」（陸軍省−日露戦争−M37-12-133　防衛省防衛研究所）
15　JACAR Ref. C06040186300（第3枚目）
16　「外国語学校」とは、現在の東京外国語大学の前身である東京外国語学校を指すと思われる。東京外国語学校は1897年東京商業学校の附属外国語学校として設置され、英・仏・独・露・西・清・韓語の学科が設置された。1899年に高等商業学校から分離され、東京外国語学校となった。
17　「支那語学校」とは、宮島大八が学生として通った興亜会支那語学校ではないかと思われる（『中国語と近代日本』18頁）。
18　「台湾国語学校」とは、「台湾総督府国語学校」を指すと思われる（王秋陽「台湾総督府国語学校の設立と言語教育の推進」『アジアの歴史と文化』16号、2012年3月）。

帝国大学の出身者が、通訳に1人しか存在しないという点が、この当時の中国語が置かれた状況というものを端的に示しているように思われる。

学校名を見る限り、明治以降に創設された中国語教育を行っていた公的、私的教育機関がほぼ揃っている。中国語学習者をある意味「総動員」していたともいえる。

表2　清語通訳出身校別統計

出身校名	人数
帝国大学	1
外国語学校卒業・生徒・別科卒業生	65
台湾協会専門学校卒業・生徒	88
東亜同文書院卒業	49
支那語学校卒業	2
台湾国語学校卒業	5
一般志願者試験採用	252
同　無試験採用	422
清国人より採用の者	6
合計	890

出典：JACAR Ref. C06040186300

同表では更に待遇について記載されている。日露戦争に通訳として従軍した、東亜同文書院と台湾協会学校の卒業生について比較すると以下のようになる。

中国語通訳として従軍した台湾協会学校関係者は、全部で88人である。この従軍者のうち70人が「奏任官待遇」を受けている。残りの18人が「判任官待遇」を受けていた。「奏任官待遇」としては40〜60円、「判任官待遇」としては、25〜50円の俸給を受けていた。一方、同文書院卒業生の従軍者は49人である。台湾協会学校の従軍者とは異なり、この全員が「奏任官待遇」を受け、俸給としては50〜70円が支払われていた[19]。

ここで待遇として記されている「奏任官待遇」、「判任官待遇」とは戦前の官吏制度に基づくものである[20]。これらは「待遇官吏」と呼ばれ、本来は官吏としての資格を有していない者に対して、形式的、儀礼的に官吏としての待遇を与えたものである。「奏任官待遇」とは判任官として熟練した者や公立学校教諭、名誉領事などを務めるものに対して奏任官に相当する待遇を与えたものである。同様に「判任官待遇」では小学校教諭、府県書記・技手、三等郵便局長、巡査、鉄道手などに与えられた待遇であった[21]。

戦前の官吏制度において「奏任官」とは、官等三等から九等までの官吏を指す。この官等には帝国大学・官立大学助教授、総領事などが含まれ

19　JACAR Ref. C06040186300（第2枚目）
20　戦前の官吏の区分として、親任官、勅任官、奏任官、判任官に分けられる。
21　前掲『事典 昭和戦前期の日本——制度と実態』92-95頁。

る[22]。「待遇官吏」をさらに軍人という観点で捉えると、陸軍における「奏任官」とは佐官、尉官がこれに当たる[23]。また「判任官」は、曹長、軍曹など下士官がこれに当たる[24]。階級ではなく職名で見るならば、「奏任官」の尉官は中隊の将校となり、「判任官」である下士官はその下の分隊長に相当することとなる。このことから、同文書院卒業生の待遇は「奏任官待遇」であり、階級としては佐官、尉官に相当しており、職名から見るならば戦闘指揮を行う司令部に所属する立場であることがわかる。そのため、通訳という単純な役職に加え、現地での折衝などを円滑に進めるための役割も負わされていたと推定される。

　こうした待遇を俸給面から見てみると以下の通りとなる。この時期の給与の基準として、戦前期におけるキャリア官僚の採用試験である文官高等試験に合格した高等官の初任給は50円、第一勧業銀行の初任給が35円という時代であった[25]。これに対し同文書院卒業生の従軍通訳には50〜70円が支払われていた。戦時であるための高給であると考えられるが、日露戦争当時の陸軍通訳の俸給の基準としてみると、「戦時陸軍通訳俸給表」の一等（70円）から三等（50円）がこの基準に相当する[26]。俸給面においても、同文書院卒業生は高等官初任者と同等程度かそれ以上のものが支払われ、厚遇を受けていたことがわかる。

　こうした待遇の背景には、「戦時陸軍通訳採用規則」が適用されたものと推定される。これには「戦時若シクハ事変ニ際シ陸軍通訳ヲ採用スル」ための基準が示されている。採用には、「和文欧（清）（韓）訳」、「欧（清）（韓）文和訳」、「会話」の試験が課され、その成績と履歴により待遇が決定されることとなっていた[27]。この事からも成績面等の理由で、同文書院

22　同上94頁。
23　JACAR Ref. A03020130600（11枚目）「御署名原本・明治二十五年・勅令第九十六号・高等官官等俸給令制定高等官任命及俸給令、文武高等官職等級表廃止」（国立公文書館）
24　JACAR Ref. A03020173300（3枚目）「御署名原本・明治二十七年・勅令第四十三号・文武判任官等級表改正」（国立公文書館）
25　週刊朝日編『明治・大正・昭和　値段史年表』朝日新聞社、1988年。公務員は67頁。銀行員は51頁。
26　JACAR Ref. C08070654800（5枚目）「人事局　戦時陸軍通訳採用規則被定」（防衛省防衛研究所）
27　JACAR Ref. C08070654800（2-3枚目）

卒業生がかなり評価を得ていたことが推定される。

　では、ここで従軍通訳として参加した同文書院卒業生とは誰を指したものであったのか。

　日露戦争当時、同文書院の修学年限は3年である[28]。1901年に同文書院が創設されて以来入学した書院生を修学年限から逆算すると、通訳として従軍した卒業生は1901年、1902年に入学した学生であると推定される。学生の期としては第1期生と第2期生がこれに当たる。

　『大学史』によれば第1期の卒業生が60名（政治科6名、商務科54名）、第2期卒業生が76名（政治科12名、商務科64名）となっている[29]。このことから日露戦争開始当初である1904年の時点で136名の卒業生が存在していたことになる。そこから類推するに1期、2期の卒業生の約36%が従軍通訳として、日露戦争に参加した計算となる。

　この点を『大学史』に見ると、1期生については以下のような記述がされている。

　　この年〔筆者註：1904年〕の二月、日露戦争が勃発。若い元気な時だし、戦場となった満洲には中国語ができる者が少なかった時代のことで、通訳として従軍することが要請され、多くの者が志願した。[30]

　こうして松島敬三という卒業生が従軍通訳として志願したと記されている[31]。

　第2期生については以下のように記述されている。

　　二期生の卒業は日露戦争の終結（三十八年九月五日、講和条約成立）直前であった関係から軍事・外交方面に就職する者が多かった。三浦・波多野・林出・肥田・草らは外務省政務局の委嘱を受け、ロシア勢力が外蒙や伊犁地方に及ぼす影響を視察するため、遠く奥地へ入っ

28　前掲『大学史』91頁。
29　同上84頁。
30　同上401頁。
31　同上402頁。

た。陸軍通訳官には卒業をまたず二年生終了後、岡本大八（熊本）が従軍したが、卒業生からは政治科五名、商務科十六名が陸軍通訳官となった。待遇は奏任官待遇である。[32]

　１期生とは異なり卒業生として、「政治科五名、商務科十六名」が従軍通訳となったと具体的な記述が見られる。この数字が正確であるという前提で逆算するならば、同文書院卒業生全体で従軍通訳となった者が49名であることから、１期生からは28人、２期生から21人が従軍したと推定することができる。１期卒業生全体の約46％、２期卒業生全体の約27％が通訳として従軍したと考えられる。さらに「岡本大八」は２年生終了後に従軍したと記述されており、卒業生以外にも通訳として参加した者がいたことが示唆される。また、文中には「待遇は奏任官待遇」であったとも記されており、先述した陸軍省人事局補任課が作成した通訳官統計表の待遇に関する記述と一致することがわかる。
　また、こうした陸軍の通訳として参加した者以外に、「外務省政務局の委嘱を受けて」、満洲地域以外へ派遣された者もいた。そのため、日露戦争当時に、満洲地域で活動していた同文書院卒業生は、陸軍の従軍通訳以外にも存在していたことがうかがえる。
　こうした日露戦争に従軍通訳として参加した者のなかには、戦争終結後、そのまま満洲へ残り、関東都督府、軍政署などの日本の統治機関や、満鉄などに就職をした者がいた。さらには従軍前に就職した会社へ復帰後、満洲地域の支店担当者として戻る者もいた。
　先に挙げた第１期生で従軍通訳となった松島敬三は、第四軍兵站監部に入り、各地を転戦、最終的に昌図に設置された昌図軍政署の所属となった。戦争終結後、そのまま昌図に残り、1906年昌図公司という会社へ就職をする[33]。従軍通訳からそのまま現地に残った例であろう。
　同じく１期生から従軍した佐々江嘉吉は、同文書院卒業後、一端、三井物産上海支店に入社したが、日露戦争時に退社し「特別任務」により遼東

32　同上404頁。
33　竹中憲一編「松島敬三」『人名事典「満洲」に渡った一万人』皓星社、2012年、1352頁。

表3　満洲で活動した書院生（1909年当時）

No.	氏名	生年	卒業年	入学期	卒業時年齢	1909年の年齢	従軍経験	就職先
1	岩間徳也	1872	1904	1	32	37	○	南金書院
2	松島敬三	1879	1904	1	25	30		昌図公司
3	阪東末三	1880	1904	1	24	29		
4	渡辺武夫	1880	1904	1	24	29	○	鉄嶺中国側交渉委員
5	染谷保蔵	1881	1904	1	23	28	○	盛京時報
6	玉林従純	1881	1904	1	23	28		鉄嶺知県衙門
7	田中拳三	1881	1904	1	23	28	○	満鉄
8	横山吏弓	1881	1904	1	23	28	○	満鉄
9	坂田長平	1882	1904	1	22	27		瀋陽馬車鉄道公司
10	佐々江嘉吉	1882	1904	1	22	27	○	三井物産
11	佐々木盛一	1882	1904	1	22	27		満鉄
12	上野源次	1880	1905	2	25	29		営口商業学堂
13	三田村源次	1880	1905	2	25	29	○	営口商業学堂
14	岡島貞	1881	1905	2	24	28		満鉄
15	河済勇吉	1881	1905	2	24	28	○	関東都督府
16	横川安三郎	1881	1905	2	24	28	○	昌図公司
17	会田常夫	1882	1905	2	23	27		大連海関
18	小田原寅吉	1882	1905	2	23	27	○	営口商業学堂
19	斎藤元昇	1882	1905	2	23	27	○	関東都督府
20	中村順之助	1882	1905	2	23	27	○	鴨緑江渡航㈱
21	永尾龍三	1883	1905	2	22	26		岫巌師範学堂
22	南洞孝	1884	1905	2	21	25		奉天両級師範学堂教習兼奉天法政学堂
23	藤沼誠一郎	1884	1905	2	21	25		永順洋行
24	佐藤善雄	1885	1906	3	21	24		盛京時報
25	赤松慶太	1882	1907	4	25	27		満鉄
26	宝珠山弥高	1883	1907	4	24	26		満鉄
27	足立直太郎	1886	1907	4	21	23		満鉄
28	亀井宝一	1886	1907	4	21	23		満鉄
29	堤昇	1886	1907	4	21	23		松茂洋行
30	日高長次郎	1886	1907	4	21	23		満鉄
31	村岡敬四郎	1886	1907	4	21	23		大倉組
32	菊池貞二	1884	1908	5	24	25		盛京時報
33	石川竹二	1885	1908	5	23	24		山葉洋行
34	岡崎弘文	1885	1908	5	23	24		満鉄
35	末綱胖	1885	1908	5	23	24		満鉄
36	松原豪	1885	1908	5	23	24		関東都督府
37	松平正平	1885	1908	5	23	24		正隆銀行
38	添田沢三	1885	記載なし	記載なし	不明	24		関東都督府

出典：竹中憲一『人名事典「満洲」に渡った一万人』の各項目より1909年時の経歴を抜粋。年齢は生年から計算したもの。

半島へ向かう。その後、営口、牛荘の支店担当者へとなっている[34]。従軍後に就職先に復帰し満洲へ戻った例である。

---

34 「佐々江嘉吉」同上649頁。

2期生から従軍した河済勇吉は、1905年4月に卒業後、8月に陸軍通訳として従軍、1907年8月に関東都督府翻訳生となる。その後、大石橋警務署付となり、遼陽や外務省警察警部などを歴任した[35]。従軍通訳からそのまま現地に残り、日本の公的機関へ就職した例である。

　こうした日露戦争を契機として満洲地域で活動を始めた書院卒業生の存在が、いわば呼び水となり、同文書院卒業生の満洲での活動が始まっていく。

　実際、先述した松島敬三が就職した昌図公司には、2期生の横川安三郎が入社している。横川も書院卒業後、陸軍通訳として従軍し、1906年に昌図公司に就職している。「紳士録」上では、両者の入社動機には触れられていない。しかし両者が、いわゆる「先輩」と「後輩」という関係にあることから、人的関係が職探しに影響したとも考えられる。

　上記の例は、あくまでモデルであるが、このように日露戦争を契機として、満洲地域へ進出し、戦争終結後に居残った同文書院卒業生が存在した。そうした書院卒業生の存在を呼び水として、その後の書院生の満洲への進出が始まることになる。

2　明治期『満洲日日新聞』に報じられた『支那経済全書』

　では、こうした同文書院関係者の動きを『満洲日日新聞』は、どのように報じていたのだろうか。

　『満洲日日新聞』の中に、同文書院関係の最初の記事が現れるのは1907年11月3日（創刊号）に掲載された『支那経済全書』の広告である[36]。

　『支那経済全書』の広告では「東亜同文書院調査」、「改訂三版予約募集」と記されている。これはおそらく1907年に出版された『支那経済全書』の第1輯から第3輯の広告であると思われる。広告によると正価「弐拾圓」のところ「金九圓廿銭」の特価で売り出されている。

　販売方法は、東京赤坂の東亜同文会編纂局か丸善へ代金を振り込み、製本され次第、客の手元へ郵送されるという形であった。こうした店舗販売

35　「河済勇吉」同上447頁。
36　「支那経済全書」『満洲日日新聞』1907年11月3日第15面。

ではなく通信販売という形式には、1907年当時の満洲地域での図書流通事情があった。

後に外地専門の取次書店として満洲や朝鮮、北京などに支店を設けた「大阪屋号書店」は1905年に営口で営業を開始するが、大連に店舗を開設するのは1908年のことである[37]。日露戦争が終結しすでに2年が経過していたが、『支那経済全書』のような専門書籍を入手する場合、まだ、日本内地から十分な流通経路が確立されておらず、通販という形式をとったのではないかと考えられる。

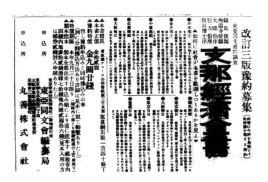

写真2　『支那経済全書』の広告
『満洲日日新聞』1907年11月3日第15面

こうして購入が可能となった『支那経済全書』ではあるが、それは満洲地域においてどのような受け止め方をされたのであろうか。

1907年11月30日に「清国調査事業と東亜同文会」と題した記事が『満洲日日新聞』に掲載される。記事の全文は以下の通りである。

>　●清国調査事業と東亜同文会　東亜同文会は曩に支那経済に関する資料二万余頁を印行するのみならず更に満洲蒙古、南北清の各主要地点に散在せる上海同文書院の卒業生二百七十名と気脈を通じ一層清国経済其他諸般の事業調査を進め以て我対清貿易の事業者として十年以後清国各市場に於て欧米人と相角逐するの準備を為さしめんが為新たに支那経済調査部を置きて重要問題対清経済の議論、農工商、貨幣税関地理貿易其他一般の資料、各港における経済状況、雑俎、統計に渉りて日々両回の報告書を以て全国各実業家商工団体に配布するに決し既に全国の商業会議所の賛同を得たれば直ちに各調査員に命を伝へて清

37　渡辺隆宏「「周辺」の出版流通──満洲書籍配給会社設立への道程、大阪屋号書店その他」『メディア史研究』vol.27、ゆまに書房、2010年、97–99頁。

国内外の最大事故に関する調査事業の一大発展を為す筈なりという[38]

　この記事を読むと、同文書院生による調査事業と『支那経済全書』に対する関心を読み取ることができる。周知のように『支那経済全書』は同文書院生1期生から4期生による現地調査の集大成であり、同文書院の前身である日清貿易研究所が刊行した『清国通商綜覧』を発展させたものである。全12輯にわたり中国経済全般を記し、また東亜同文会にとっても初の大型刊行事業であった[39]。

　記事の内容として、満洲日日新聞社が同文書院の調査事業の内容を正確に把握していたことが読み取れる。また、この記事が書かれた1907年は、先述の通り書院生による卒業調査旅行、いわゆる「大旅行」が同文書院の教育課程のなかで制度化される時期でもある。その意味で、同文書院の調査というものに一定の期待と関心を寄せていたと考えられる。

　なぜならば、1907年4月に南満洲鉄道株式会社が正式に営業を始め、満鉄のシンクタンクである調査部も調査事業を始めたばかりである[40]。緒に就いたばかりの満洲での日本の経済活動において、すでに一定の蓄積を有していた同文書院の調査活動に、注目をしていたと思われる。それは同時に書院生個人の調査能力や中国に対する学識というものにも一定の評価をされていたといえる。

3　根津一の満洲出張

　次に同文書院卒業生がどの程度、満洲において活動をしていたかを『満洲日日新聞』の記事から読み解いていく。

　東亜同文書院長であった根津一は1909年5月10日から5月18日頃までの約9日間、満洲各地を視察している[41]。『満洲日日新聞』は、この根津の動向を伝えている。この記事から当時の同文書院卒業生の活動の一端が

38　「清国調査事業と東亜同文会」『満洲日日新聞』1907年11月30日第2面。
39　前掲『大学史』66頁。
40　加藤聖文『満鉄全史』講談社、2006年、34–36頁。
41　「人事　根津一氏（東亜同文会幹事長）」『満洲日日新聞』1909年5月11日。「人事」欄の動向によると、根津は「十日朝営口より来連」となっている。

見えてくる。
　1909年5月12日に掲載された「根津幹事長の旅程」と題された記事は、根津の滞在を以下のように伝えている。

> ●根津幹事長の旅程　一昨十日朝来連せる東亜同文会幹事長根津一氏は同夜北公園伊勢勘における同文書院出身者の招待会に臨み席上東亜経営の方策に就きて講話する所にありたるが昨日は旅順に遊び十二日は大連に滞在し十三日夕発車にて北行長春鉄嶺奉天等を視察し安奉線に由り韓国に赴き同国を巡視し帰朝の予定なりと[42]

　根津一と言えば東亜同文書院の初代院長であり、同文書院の基礎を形成した人物であることは、贅言を要しない。それ以上に従軍通訳として日露戦争に参加し、満洲地域での同文書院生の先駆けとなった1期、2期の書院生にとって、根津は同文書院に入学し上海へと向かう道中の引率をした人物でもあり、馴染み深い存在であった[43]。いわば恩師ともいうべき人物の来訪に、同文書院卒業生が集合したことがわかる。
　残念ながら集合した卒業生が誰であったかということは、記事からは読み取ることはできない。しかし、1909年という時点から逆算すると、おおよその参加者の推測が可能である。
　根津が満洲出張をしたのは1909年5月である。前述のように東亜同文書院は1901年に開校し、明治期の修了年限は3年である。この内、1期生は1901年5月に、2期生は1902年4月に入学し、それぞれ1904年、1905年4月に卒業をしている。3期以降は8月入学、6月卒業となっている[44]。このことから、満洲地域に就職していた同文書院卒業生は1期生から5期生（1908年6月卒業）であることがわかる。
　これを満洲地域での「紳士録」から、1909年5月時点で満洲地域で活動していた同文書院卒業生を調べると37人存在している[45]。内訳は1期生

---

42 「根津幹事長の旅程」『満洲日日新聞』1909年5月12日第2面。
43 前掲『大学史』98–99頁。
44 同上97–104頁。
45 前掲『人名事典「満洲」に渡った一万人』に掲載された同文書院卒業生の内、1909年時点で居住していた者を抜粋した。

が11人、2期生が12人、3期生が1人、4期が7人、5期が6人となっている（註 これ以外に卒業年の記載なしが1名存在する）。この内、1期生11人中9人、2期生12人中6人が日露戦争の従軍を経験している。先述した通り従軍通訳となり日露戦争終結後に満洲地域に残った卒業生が存在したことを裏付けるものである。

　年齢構成を見ると以下の通りである。同文書院の修学年限は3年であることから卒業時に22歳前後であり、第1期生が現代的な表現として社会人5年目となり年齢は28歳前後であると推測できる。1909年当時で満洲で活動していた書院卒業生は最年長は37歳であるが、平均で26歳前後の青年たちであった[46]。

　職業構成を見ると次のようになる。最も多い就職先は満鉄で12人、次いで商社、学校に勤務する者が6人ずつおり、関東都督府勤務者が4人、新聞社3人、中国側に雇用されている者も3人、満鉄以外の交通機関に2人、銀行に1人という分布になっている。

　ここで注目する就職先は学校に勤務する者と中国側に雇用される者である。これらは1期生と2期生で占められている。全員ではないが、従軍時に得た関係などにより中国側に招聘されたり、また日本の軍政署勤務から転身した者が多い。やはり日露戦争を契機として満洲へと赴き、それを機会として就職をしていた同文書院卒業生が存在したことがわかる。

　逆に最多となる満鉄へ入社した同文書院卒業生は4期生が多い。これは満鉄が1906年に開業し、その直後の卒業生が1907年に当たるためと思われる。

　根津一を囲んだ、いわば「同窓会」のような招待会に集まった同文書院卒業生の実態の側面は以上のようなものであったと推測できる。これは、「紳士録」から読み取れるものであり、当時の同文書院卒業生全体を表してはいないが、ある程度の実態を示していると思われる。

　また、この根津の出張は書院卒業生が、ある程度関わっていたのではないかと推測される。根津の旅程では、長春、奉天、撫順を視察している。この当時、長春には1期生の佐々江嘉吉が三井物産長春出張所に勤務して

46　卒業年齢は、生年と卒業年から逆算して算出した。

いた[47]。奉天で宿泊した満鉄奉天公所には同じく1期生の横山吏弓が勤務し[48]、視察先の撫順炭坑には4期生の日高長次郎が撫順炭坑鉄道部に勤務していた[49]。

表4　根津一の満洲出張日程（1909年5月）

日付	事柄	場所	出典
5月10日	営口より来連。森茂方に投宿。	大連	「人事」『満洲日日新聞』1909年5月11日第2面
	夜、伊勢勘で同文書院出身者の招待宴に参加。		
5月11日	旅順へ。	旅順	「根津幹事長の旅程」『満洲日日新聞』1909年5月12日第2面
5月12日	大連滞在。	大連	
5月13日	夕発車で北行。		
5月14日	午後6時長春。守田中佐方投宿。	長春	「長春来往一束」『満洲日日新聞』1909年5月20日第3面
5月15日	午後5時より満鉄倶楽部にて招待宴。		「根津一氏招待宴」『満洲日日新聞』1909年5月20日第3面
5月16日			
5月17日	午後6時長春より来奉。奉天公所に宿泊。	奉天	「根津氏の歓迎会」『満洲日日新聞』1909年5月19日第2面
	夜、瀋陽館で同文書院出身者の歓迎会。		
5月18日	撫順炭坑視察。	撫順	
	夜、小池総領事らの歓迎会に参加。	奉天	

　このように日露戦争を契機として満洲地域へ進出した同文書院卒業生が1909年の根津一出張時には、すでに満洲の広い地域で活動をしていたことがうかがい知れる。また、彼らにとっての恩師である根津が来訪した際に、容易に集合することが可能である程度に連絡を取り合う関係性を有していたことが推測できる[50]。

　『満洲日日新聞』には、大連で開催された様々な大学の同窓会の様子を伝える記事が掲載されている。また、そうした会合を伝える広告も掲載さ

47　「佐々江嘉吉」前掲『人名事典「満洲」に渡った一万人』649頁。
48　「横山吏弓」同上1587頁。
49　「日高長次郎」同上1200頁。
50　『満洲日日新聞』によれば、1909年9月に大連において、満鉄社員などが作った野球チームと同文書院卒業生のチームの野球の試合が数回行われている。野球チームを組むことが可能な人数がおり、試合を実施できるなど、同文書院卒業生が一定数存在し、また連絡をとりあう関係であったと考えられる（「伏見台の野球試合」『満洲日日新聞』1909年9月19日第5面、同年9月21日第5面、同年9月29日第5面。記事表題はすべて同じ）。

れている[51]。実際、同文書院卒業生も 1910 年に「同窓大会」を開催しており、山田純三郎が開会の挨拶を行うなどしていた。同記事によれば参加者は 120 名以上となっており、それなりの規模の会となっている[52]。根津の出張はその前年であるが、こうした同文書院関係者の出張などの際に集合し、旧交を温めていたと考えられる。

4　就職先としての『満洲日日新聞』

さて、最後にこうした人材としての書院生を満洲が、いかに求めたかという点を『満洲日日新聞』を例に見ていく。

先述の通り 1907 年に創刊する『満洲日日新聞』は、創刊当初、社長であった森山守次が人選を行い採用をしていた。創刊時『満洲日日新聞』は大連に本社を置き、旅順に支局を開設していた。さらに創刊の 5 日後の 1907 年 11 月 7 日には奉天、営口に支局を開設[53]。また、満洲各地に特約店や販売所を設け、購読範囲や販売網を拡大させていく[54]。こうした新聞社の発展と拡大に伴い『満洲日日新聞』も社員募集を開始していく。

最初に『満洲日日新聞』の紙面に社員募集の広告が掲載されるのは、創刊の翌年 1908 年であると思われる。その際の社員募集の広告は次のような内容であった。

> ●社員採用　算筆を能くし身体強壮市内に確実なる保証人あるものに限る、履歴書携帯自身来社あれ[55]

51　1909 年だけで、『満洲日日新聞』に掲載された同窓会は、帝国大学では「緑会（帝国大学法科大学）」(「緑会例会」1909 年 4 月 23 日第 2 面)、「京大出身者懇親会」(「京大出身者懇親会」同年 5 月 15 日第 2 面) などが開かれている。また私立大学では早稲田大学や明治大学なども会を開いている (「早稲田同窓会景況」同年 2 月 23 日第 2 面。「明治大学校友会」同年 3 月 2 日第 2 面)。
52　「同文書院同窓大会」『満洲日日新聞』1910 年 1 月 4 日第 2 面。
53　「社告」『満洲日日新聞』1909 年 11 月 6 日第 2 面。
54　日本国内には東京、大阪に販売所が設けられていた。さらに朝鮮との国境の町である新義州にも販売所が設けられていた（前掲『満洲における日本人経営新聞の歴史』89 頁）。
55　「社員採用」『満洲日日新聞』1908 年 11 月 30 日第 3 面。

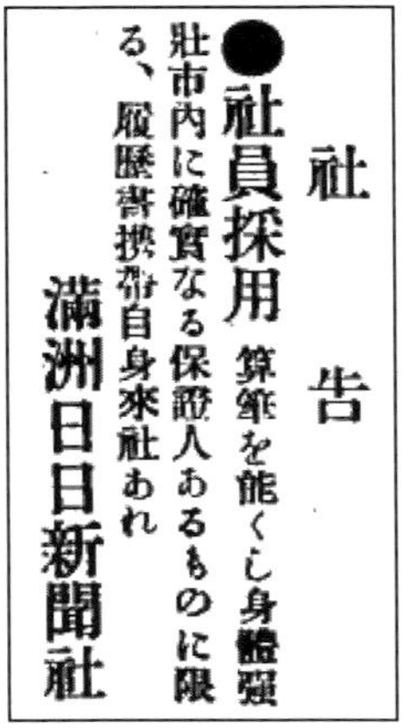
社告
●社員採用 算筆を能くし身體强壯市内に確實なる保證人あるものに限る、履歴書携帶自身來社あれ
滿洲日日新聞社

写真3 「社員採用」
『満洲日日新聞』1908年11月30日第3面

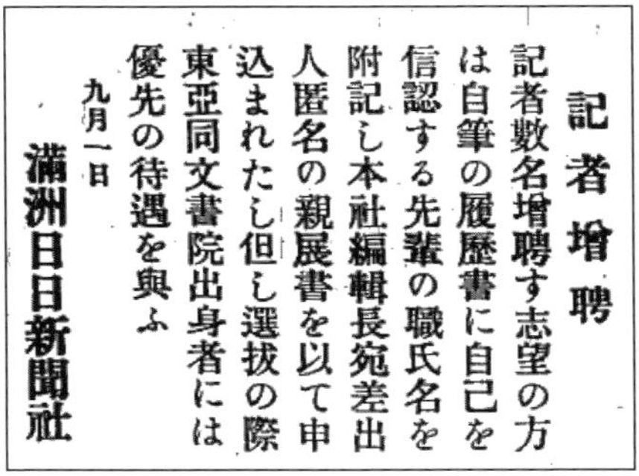
記者增聘
記者數名增聘す志望の方は自筆の履歴書に自己を信認する先輩の職氏名を附記し本社編輯長宛差出人匿名の親展書を以て申込まれたし但し選拔の際東亞同文書院出身者には優先の待遇を與ふ
九月一日
滿洲日日新聞社

写真4 「記者増聘」
『満洲日日新聞』1909年9月1日第2面

この広告では「市内」（大連を指すと思われる）に「確実なる保証人」があり、履歴書を満洲日日新聞社へ持参できる人物を人材として求めていることが読み取れる。これは新聞社として、現地事情をある程度把握している人材を確保しようとする目的があったと推測される。

そして、2回目の社員募集は翌年の1909年に行われる。その際の社員募集の広告は以下の通りである。

> 記者増聘
> 記者数名増聘す志望の方は自筆の履歴書に自己を信認する先輩の職氏名を附記し本社編輯長宛差出人匿名の親展書を以て申込まれたし但し選抜の際東亜同文書院出身者には優先の待遇を与ふ[56]

募集内容そのものには大きな変更はなく、「自筆の履歴書」に保証人となる「自己を信認する先輩の職氏名を附記」するという形式となっている。しかし、最後の但し書きの部分に「選抜の際東亜同文書院出身者には優先

56 「記者増聘」『満洲日日新聞』1909年9月1日第2面。

の待遇を与」えると記されており、書院生を積極的に採用しようとした動きが見られる。また、1908年の募集では募集者の居住地域が「市内」という限定が付いていたのに対して、1909年ではその募集対象地域が撤廃され、範囲が広がっていることがわかる。前述したように、大連や奉天など満洲の都市部には、すでに書院卒業生が居住し活動を行っており、そうした縁故を頼って書院生が満洲日日新聞社に応募することは十分可能であったと推測される。募集対象地域が撤廃されたことで、上海に暮らしていた書院生の応募も、条件上は可能となった[57]。1909年に卒業をする6期生は6月に卒業をしており、あるいはそうした書院卒業生を念頭に置く募集であったのかもしれない[58]。

『満洲日日新聞』はなぜ書院生に対して優遇措置を与え、人材を確保しようとしたのか。

これはまず『満洲日日新聞』が満洲という日本の外地における新聞であることに起因する。購読者層である日本人社会の関心や動向を意識しながら、「自らの意思の客体」であり、自分たち日本人社会の有り様を左右する中国の政治、経済というものに注目し、分析、報道を行おうとしていたためである[59]。

こうした当時の中国社会の政治、経済に対して、同文書院生は実地で調査研究を行い、その成果を報告書としてまとめてきた実績が、先述した『支那経済全書』という形で現れていた。周知のように『支那経済全書』は、その後5期生から16期生にわたる調査により『支那省別全誌』[60]として刊行されている。中国社会そのものに対する関心を持つ『満洲日日新聞』という会社と、中国での実地での調査能力と実績を持つ書院生との間に需要と供給の関係が生まれたとみても問題はないと思われる。

また、書院生に優遇を与えることに関して有利に働いたのは、当時の関東州における新聞業界の事情もあったと考えられる。

---

57 1908年8月より満鉄が大連と上海を結ぶ定期便（海路）を就航させており、両都市間の移動も容易となっていた（「連海航路の開始」『満洲日日新聞』1908年8月10日第2面）。
58 前掲『大学史』104頁。
59 松重充浩「国立国会図書館所蔵明治期『満洲日日新聞』社説件名一覧」『広島女子大学国際文化学部紀要』第8号、2000年2月、126頁。
60 前掲『大学史』66頁。

語学学習者の受け皿としての満洲

　日本統治初期の関東州には『満洲日日新聞』以外に2紙の日本語日刊新聞が存在した。

　一つは営口で創刊された『満洲日報』であった。1905年に創刊された満洲における最初の日本語新聞である。発行人は中島真雄であり、『満洲日報』創刊以前、北京において『順天時報』を発行していた。創刊当時、軍や外務省の支援を受けたため軍事関連の記事が多く、軍の広報紙的側面が強かったといわれている[61]。

　もう一つは大連で創刊された『遼東新報』である。1905年に創刊された日本語新聞である。発行人は末永純一郎が務め、『満洲日日新聞』と競合した新聞社であり、発行部数としては、『満洲日日新聞』より勝っていた[62]。

　『遼東新報』は当初、関東都督府から補助金を受け、都督府公報の『府報』を発行し、満鉄の機関紙的な役割を期待されていた。しかし、『満洲日日新聞』創刊後は、補助金や『府報』の発行を停止させられるなど、さまざまな圧力を受けることとなり、1927年には『満洲日日新聞』に買収され廃刊となった[63]。

　『満洲日報』、『遼東新報』の発行人である中島真雄、末永純一郎はともに東亜同文会の会員であり、特に中島真雄は同文会の評議員を務めるだけでなく、かつては同文会の福州支部の主任として駐在した経験を持っていた[64]。

　『満洲日日新聞』の初代社長である森山守次は、残念ながら同文会との関係は見つけることができなかった。しかし、『満洲日日新聞』創刊の直前に倉辻白蛇と共著で児玉源太郎の評伝『児玉大将伝』[65]を執筆している。また、後に杉山茂丸、松井柏軒らと「太平洋通信社」を創設するなどしているため、直接的関係はなくとも同文会とも交渉があったと考えられる[66]。

61　前掲『満洲における日本人経営新聞の歴史』43–45頁。
62　同上53頁。
63　同上56–57頁。
64　前掲『大学史』49頁。
65　森山守次、倉辻明義『児玉大将伝』東京印刷所、1908年。「まえがき」によると、『児玉大将伝』の執筆中に『満洲日日新聞』創刊のために大連へ旅立っている。
66　宮武外骨『明治新聞雑誌略伝　明治大正言論資料20』みすず書房、1985年、272頁。

中島真雄、末永純一郎、森山守次と東亜同文会と関係を有していた者たちが、満洲における新聞界の中心で活動しており、同文書院生を呼び込みやすい状況があった[67]。

　新聞として中国社会への関心を高めていく時代的な要請と、書院生の実地調査での調査能力と中国への理解、そして、同文会関係者が満洲での新聞界で重きをなしていた。これらのことが、『満洲日日新聞』での同文書院生の厚遇へとつながっていく一因であると思われる[68]。

むすびに

　以上、簡単ではあるが明治における『満洲日日新聞』の紙面に現れた、同文書院関係者の活動を記してきた。

　満洲における書院生の活動は、おそらく先述した通り日露戦争に従軍通訳として参加したことに始まることは、間違いないと思われる。戦争終結後、その通訳としての実績や経験などを買われ、満鉄や関東都督府、満洲へと進出していった商事会社や銀行などへ就職をし、満洲での書院生の活動が始まる。

　そうした動きはすでに1909年ごろには、ある程度の横のつながりを有した同窓会的性格を持つようにまで発展していたとみられる。こうした、人的なつながりが書院生を満洲へと引き込んでいく要因のひとつであったのではないだろうか。

　また、書院生を人材として欲していた満洲側でも『支那経済全書』や『支那省別全誌』に関心を示し、かつ「大旅行」など調査活動を通じ、現地社会に対する理解、分析力を持つ書院生に対する注目を持っていた。『満洲日日新聞』も新聞社として中国社会へと視線を向ける際に、そうした書院生に対して、優遇を与える動きを見せている。

　技能としての中国語の能力、そして大旅行などで培われた中国社会との

67　こうした日本語新聞以外にも、奉天で創刊された中国語新聞『盛京時報』にも、同文書院卒業生が数名就職していた。
68　1909年の募集に書院生が応募したかは、不明である。「記者増聘」の広告が出た直後、1909年10月26日に哈爾浜での伊藤博文暗殺事件が発生し、連日紙面が暗殺事件の記事で埋められてしまい、採用についての記事を見つけることができなかった。

接触の経験、こうした書院生の持っていた要因と、それを求めた満洲社会という要因が重なり合い、書院生の卒業後の進路選択の受け皿のひとつとして満洲という地域があったのではないだろうか。

　本稿においては、明治期という非常に短い期間に限定して、同文書院関係者の動向を見つめてみたが、今後、これを大正、昭和と広げていくときにどのような変化が生まれるのであろうか。それが今後の課題となる。

　最後に竹中憲一氏が編纂された労作である『人名事典「満洲」に渡った一万人』[69]という人名事典がある。本編は、満洲で発行された紳士録や興信録などに掲載された人物を一人ひとり拾い上げ、その経歴を明らかにしたものである。

　この本編とは別に「索引編」があるが、この中で、「出身校別索引」がある[70]。この「出身別索引」によると「東亜同文書院」出身者は228人掲載されており、また「日清貿易研究所」出身者は7名、「東京同文書院」出身者が1名掲載されており、合計238名の名前が挙げられている。この索引は、出現頻度の多い順に掲載されており、「東亜同文書院」の順位は、東京帝大、京都帝大、早稲田大学に続いて4番目となっており、満洲地域で活動した書院卒業生の多さを物語っている。こうした人物の一人ひとりが、進路選択として満洲での活動を選んだ理由の一端に前述したような語学学習者の受け皿としての満洲というものがあったのではないだろうか。

---

[69] 竹中憲一『人名事典「満洲」に渡った一万人　索引編』皓星社、2012年。
[70] 同上。出身校別索引は107頁より始まる。また東亜同文書院は123–125頁に掲載されており、日清貿易研究所は166頁に掲載されている。

「日清貿易研究所」研究の整理と課題
―― 東亜同文書院前史としての位置づけ

野口　武

はじめに

　これまで日清貿易研究所の研究は、東亜同文会とその教育機関となる東亜同文書院（以下書院と略称）の前史に位置づけられてきた。その歴史的評価について触れようとする場合、日清貿易研究所の前史である漢口楽善堂と、後継に位置づけられる東亜同文会および書院の成立過程が、ひとつなぎに「叙述」された上で歴史的評価がなされてきた。それは、漢口楽善堂から日清貿易研究所を経て書院が成立するまで、彼らが自らのたどった足跡を省みるなかでひとつなぎの「通史」を描いてきたことにも現れ、第二次世界大戦後に東亜同文会が解散すると同時に書院が閉校し活動が戦後に途絶えた後も、東亜同文会および書院の関係者による叙述のなかに評価が連続して継承されていった。

　特に1960年代以降に東亜同文会や書院の成立過程が課題となって研究が進展するに伴い、政治、経済、軍事の各分野において人脈、団体としての諸活動、対外認識といった検討要素を通じて漢口楽善堂から日清貿易研究所、書院の歴史的評価がなされていった。しかし、戦後の研究開始時の視点には、戦前の「帝国日本」に対する批判的視線が常に介在していた。そして、その視線の矛先は時代を経るにつれ、軍や国家にどの程度関与し「貢献」したのかという点から、徐々に民間から「独自の役割を果たそうとした」とする議論へ、評価のゆらぎをもちながら検証が重ねられていった。

　本論では漢口楽善堂、日清貿易研究所、東亜同文書院へと連続的に位置

づけられてきた記述のなかで、ここまで積み重ねられてきた諸研究の成果を参照しながら、研究上における歴史的評価としてどのような「性質」や「役割」が位置づけられてきたのかを整理し、その記述のなかに築き上げられてきた視点へ目を向けることで、以後この研究を論じてゆく手がかりとしたい。

1 自団体史の記述における評価

　漢口楽善堂から日清貿易研究所の活動を経て書院が成立する過程については、すでに数多の研究のなかで論じられておりここでは付言しない。ひとまず、書院が自らの存在をどのように記述しているのか、原典を確認する上で「通史」の記述からみてみたい。

　まず、書院成立に及ぶ史料記述として、『沿革史』に、「固ヨリ日清貿易研究所ハ我東亜同文書院ノ前身ニハ非ズ、但営時該所ニ関係セラレシ人士ガ現今我同文書院ニ鞅掌セラル、ガ故ニ、世人往々研究所ヲ認メテ書院ノ起源トナスモノアリト雖モ、而カモ此両者ハ其ノ成立ニ於テ其ノ目的ニ於テ、将タ又タ其ノ組織形態ニ於テ全然相違ナレルノミナラズ、実質上亦何等関繋スル所無キモノナリ」[1]とある。

　同書は教育機関として成立した書院の十年を記念して、自らの足場を固めるためにその足跡を執筆したものである。その内容は設置活動の中心人物となった荒尾精や根津一らを中心に日清貿易研究所の成立や活動が連続して記述されている。実質的に当時の一連の活動に関連した人物を軸として書院が成立することは研究上明らかであり、ここでの記述も書院の成立過程を述べた上で日清貿易研究所を連続的に記述しているにすぎない。しかし、ここで注視したかったのは、日清貿易研究所と書院は「組織形態」が異なるものとして区別して記述されている点である。

　また、この書は書院が自団体史を描く際の底本となった史料でもある。続く1921年に出版された「二十年史」を確認すると、その記述には、日清貿易商会の計画構想が資金獲得で頓挫したことから「人材の養成を先に

1　松岡恭一・山口昇編『沿革史』東亜同文書院学友会、1908年、1頁。

「日清貿易研究所」研究の整理と課題

して、其卒業の暁実地訓練の場所たる可き誘導商会の設立は、後日に計画せらる、事となりたり、斯の如く設立の目的、已ニ一般商業学校と性質を異にせる」[2]とある。十年史において意識された組織的連続のあり方に対する記述は、日本内地に設立された商業学校との差異を強調した描き方に変わっている。これは書院が「教育機関」としての役割を同時代のなかで得ていったとも考えられるが、この二十年史における自らに対する扱いは、「教育機関」としての組織に対する評価に置きかえられており、十年史における日清貿易研究所と書院の区別が記述から後退していることが確認できる。以降の自団体史[3]としての「通史」の記述を端的に確認していくと、自らの組織・団体としての評価は、自身の足跡を記述するなかで希薄化していったことが考えられる。こうした記述のあり方は戦後にも見られ、書院の同窓会組織である滬友会によって戦後に新たに編纂された『東亜同文書院大学史』では、日清貿易研究所設立の記述が荒尾の「該博な知識と卓抜な見識、加うるに熱烈な憂国の至誠と信念」[4]の結果であるものとして個人の力量に集約された描き方になっている。

　戦前から戦後に至り、組織や人物の精神性がどのように連続したのかは別途検証されねばならない。とはいえ、これら十年史や二十年史の「通史」における自らに対する記述を確認する上では、時代の先見性や人材育成の意義に自らの過程を「独自性」のなかに位置づけ直して記述を集約していったことが考えられる。

　原典でもある『沿革史』が描いた「組織」的連続や「人士」的連動といっ

2　『東亜同文書院創立二十週年　根津院長還暦祝賀紀念誌』上海東亜同文書院同窓会、1921年、162頁。
3　執筆項目として日清貿易研究所の記述を担当したのは同卒業生の青木喬。続く三十年史と四十年史は上記の二十年史の記述を踏襲している。『創立三十週年記念東亜同文書院誌』上海東亜同文書院、1930年。『創立四拾週年東亜同文書院記念誌』上海東亜同文書院、1940年。これら「通史」の記述から自らをどのように評価してきたのかについても分析視点になり得る。
4　滬友会編『東亜同文書院大学史』滬友会、1955年、6-7頁。滬友会はその後創立から数えて八十年を記念して「通史」を描くが、その記述は経済活動や人材育成の意義がより強調された内容となっている。大学史編纂委員会編『東亜同文書院大学史　創立八十周年記念誌』滬友会、1982年、23-28頁。また霞山会発行の『東亜同文会史』でも荒尾を「先覚者」と位置づけ、貿易振興や人材育成を強調した記述を行っている。東亜文化研究所編『東亜同文会史』明治大正編、1988年、13頁。『東亜同文会史』昭和編、霞山会、2003年。

た視点は、1960年代に東亜同文会や書院が改めて研究対象として捉えられるようになった際に、組織の成立過程をめぐって活動内容や、関連人物の残した意見、そのイデオロギーなどの分析視点を通じて、漢口楽善堂、日清貿易研究所から書院へと「通史」的記述が再生産されるなかで、再度焦点が当てられていった。

こうした書院の自団体史的視点とは別に、研究上における視線からは第二次大戦後の書院に対する評価をめぐって、栗田尚弥が「日露戦争後、日本の対アジア政策が帝国主義的傾向を強めはじめるのにしたがい、同文書院出身者はしばしば日本の国策の手先のように見られるようにな」り、「戦後においても、『植民学校』『スパイ学校』『下級外務官僚養成所』というような評価がしばしばなされている」と指摘している[5]。

戦後の研究開始地点においては、戦前の戦争に対する「蔑視」観により書院が暗黙の内に否定的に位置づけられた状況が1980年代まで続いた。その評価の視点には、活動の中心人物となる荒尾精や根津一といった人物が軍属であったことや、その「情報収集」をめぐる活動が、暗に「謀略的スパイ」として端的に位置づけられたことによって、実態をめぐる活動として再評価されなかった問題がある。言いかえれば、研究の背後には、戦争状態に陥った「帝国日本」や植民地政策を戦後どのように把握し理解するのかが念頭に掲げられていた。しかしその一方で、その後に続く研究は直接的にも間接的にも戦争に関与した意識とは別に、戦前の対外政策に関わった団体へと視点が向いていった。

---

5 栗田は、書院が「『支那保全論』『日中の共存共栄』の立場から日本の学生を教育し、政治・経済等の面における実務的中国エキスパートを養成することにあった」と評価しつつ、1980年代まで「スパイ学校」として位置づけられてきたことを指摘した。栗田尚弥『上海東亜同文書院——日中を架けんとした男たち』新人物往来社、1993年、13頁。栗田尚弥「東亜同文書院の復権——最近の研究動向に則して」『大倉山論集』第51輯、大倉精神文化研究所、2005年3月。また栗田は東亜同文書院の後継団体となる霞山会の史料整理を行いながら、書院生の内面性（アイデンティティの亀裂）の問題を議論している。栗田尚弥「引き裂かれたアイデンティティ——東亜同文書院の精神史的考察」ピーター・ドゥス／小林英夫編『帝国という幻想——「大東亜共栄圏」の思想と現実』青木書店、1998年。

2　1960年代における研究と東亜同文書院の前史としての位置づけ

　戦後における本格的な研究として、中国語教育史の視点から研究を整理しようとしたのが六角恒廣であった。六角は1963年に、「東亜関係諸団体考古記」[6]と題して、戦前にアジアへ関わった諸団体の整理を行い、その論考のなかで日清貿易研究所の評価を平易に述べている。しかし、六角は戦後の日中間の中国語学教育の問題を整理するなかで、戦前からの中国語教育が明治からの国家主義的な考え方によって「実社会の商業・工業など経済活動の実務と結びつ」いた実用中国語であり、生活会話を中心とした実用会話の教育の場からは言語学を基礎とした方法論が登場せず、中国語の文化的内容や科学的教育法が生まれず、さらに戦後の中国語学習者の多くが「日中関係の歴史を批判する立場から中国語を学習することとなった」と述べている[7]。

　この六角の指摘は、学校機関である書院の教育性に目を向け、中国語教育の実態を整理しようとするものであった。しかし、中国語教育の「実学性」をめぐって判断した日清貿易研究所や書院の評価は、「国家有用の士」を育成するものであり「帝国日本」への国家貢献を果たすための「実用」性であるものとして、評価が結びつけられている。六角は戦前からの思想的連続を意識した上で、戦後の中国語教育界における中国語の教育の側面から、戦後の中国認識や国際交流をめぐる議論を展開していった。

　一方で野間清は「調査」の視点から切り込んでいった。野間は、楽善堂を「中国をわが国の政治的影響下におくための軍事的、政治的謀略グループであり、調査活動も「陸軍に、軍事用兵のために必要な中国の国内状勢、軍事事情、地理、社会事情などについての詳細な具体的事実を探査報告す

6　六角恒廣「東亜関係諸団体考古記」(3)『東亜時論』第5巻第5号、霞山会、1963年5月（1963年3月～8月まで（1）～（6）を連載）。

7　六角は戦前の中国語教育を「現実の中国から文化を受容するに必要な外国語と言う文化語学ではなかった。日本が中国へ進出し、侵略するのに役立つための実用中国語であった」と述べ、戦後の中国語教育界が敗戦と同時に「一種のとまどいがあった」ことを指摘している（六角恒廣『中国語教育史の研究』東方書店、1988年、12-15頁）。漢口楽善堂時代の情報収集、書院の大旅行調査、軍や外務省からの資金援助、日清戦争時の従軍通訳といった問題が、「国家主義」と結びつけられて考察されている（同上書363-369頁）。

ることを、その義務としていたばかりでなく、直接的な同人たち自身の謀略的擾乱行動に直接役立てるための、探査活動でもあった」とし、その調査視角も「軍事的用兵的視角にあったことが明らか」であるとする。日清貿易研究所の性格や荒尾の日清貿易商会構想に対しても「彼の考える『日清の提携と富強』がけっして日満両国の対等な提携でも、真の独立を前提とした中国の富強でもなく、わが国の中国にたいする支配的地位の確立を前提とするものであり、むしろわが国の支配的地位の確立こそが『日清両国の提携と富強』であった」とする。さらに、こうした「提携」にもとづく日清貿易の振興を通じて期待されていたものは、「わが国の経済力の発展強化であり、それを基礎とする軍事力の拡大強化、いいかえると対外戦争への準備でさえもあったのである」と酷評する[8]。

野間のその視線は軍や満鉄・書院といった戦前の調査活動を「中国研究」として概括することで、調査活動や研究上の視点をもって戦前からの「中国調査」の系譜を把握しようとした点にある[9]。しかし、ここで野間の言う「軍義的色彩」とは、漢口楽善堂から日清貿易研究所、書院に至るまでの過程をひとつなぎの記述に収めた上で「調査」「旅行」活動が「軍事用兵」のための調査であったとする評価である。野間自身が戦前に満鉄調査部に所属し「中国調査」に関わっていたこともあってか、明らかに戦時中の「国家貢献」「国家協力」を想定して述べており、視点の先に軍や国家への関与といった要素を前提に判断していることは否めない。戦後における野間の同時代的立場を解釈したとしても、現状の研究の進展からすればこの評価をそのまま受け入れることは難しい。

---

8 野間清「日清貿易研究所の性格とその業績——わが国の組織的な中国問題研究の第一歩」『歴史評論』167号、1964年7月。

9 満鉄は1939年4月に調査機関を大調査部に統合し、人員を増員して戦時に関連する事項や農村や商事などに関する調査を行った。野間は「中国農村慣行調査」に加わっていたが、1942年9月21日の「満鉄調査部事件」によって満鉄調査部内の左翼思想者として関東憲兵隊に検挙される。戦後、満鉄に関連した人物は機関閉鎖により再就職が困難であったが、1946年1月に中国研究所が成立すると受け入れ機関となり、野間はここに在籍したのち愛知大学へ赴任し、その後満鉄調査部の研究をはじめ満洲・植民地研究を位置づけていく。書院と満鉄調査部の関連については、一定数の書院出身者が満鉄調査部に属しており、天海謙三郎や村田久一といった農村慣行調査に関与した人物が存在する。戦前からの調査活動の系譜を理解する必要もある。末廣昭「アジア調査の系譜——満鉄調査部からアジア経済研究所へ」『地域研究としてのアジア』（岩波講座：「帝国」日本の学知、第6巻）岩波書店、2006年。

この「調査」の評価に関して、活動の契機を生み出した荒尾精は、漢口楽善堂赴任時に参謀本部員として渡華して軍の調査活動を実質的に請け負い[10]、以後、日清貿易研究所の成立に至るまで、楽善堂や日清貿易研究所に集った人員らと軍事的な「兵要地誌」調査を軸とした活動を展開した[11]。加えて、荒尾が報告書として軍に提出した『復命書』[12]も、政治・軍事・国際情勢にわたって、欧米諸国の対清策に対する非難とあわせて日本政府のあいまいな態度を政治的にも批判しており、結果的側面から判断すれば楽善堂や日清貿易研究所の調査活動に対する評価が、限りなく「謀略的臭味」を持つ準国策調査機関のように一瞥して見なされたとしても首肯しうる。後述する1990年代の研究によって、その活動が国家的な「謀略」的判断のみに依っていたわけではないことは明らかであるが、荒尾がなぜ日清貿易研究所設立に向けた経済的視線を中国へ投げかけたのか、この視点が以後の分析視点として、研究上の焦点となっていった。

　竹内好は、日清貿易研究所の活動について、「眼薬や雑貨の行商をしながら広く内陸を踏査し、情報を集めることである。むろん軍事情報が主だが、これをせまい意味に理解してはならない。当時はまだ中国に関する日本人の知識はおどろくほど少なかった。書物を通じての知識があるだけで、実地調査といったものは皆無だった。だから軍事目的といっても、じつは

10　広瀬順晧監修・編集『参謀本部歴史草案』（近代未刊史料叢書6）第3巻、ゆまに書房、2001年、211頁（原典は防衛庁防衛研究所図書館所蔵）。荒尾は1886年1月に命を受けて派遣将校として漢口楽善堂へ赴任するが、それ以前に1879年7月に伊集院兼雄（中尉）が漢口へ派遣されていた（『参謀本部歴史草案』第1巻、164頁）。荒尾はこれを引きついで情報収集活動を行う。楽善堂での活動については、大里浩秋「漢口楽善堂の歴史（上）」『人文研究』神奈川大学人文学会誌（木山英雄教授退職記念号）No. 155、2005年。また、外務省記録の「楽善堂実況探問ノ件」には、伊集院兼雄の経緯と商売の苦境が述べられている（「楽善堂実況報告の件」外務省編纂『日本外交文書』第23巻、1952年）。同史料の原典は、「楽善堂実況探問ノ件」『清国漢口居留地外ニ本邦人開店一件』在漢口領事町田実一から外務大臣青木周蔵あて、明治23年5月26日（機密信第7号、明治23年6月6日接受）、外交史料館収蔵（3門8類6号）。伊集院については、村上勝彦「解題」陸軍参謀本部編『朝鮮地誌略』1（全2巻）龍溪書舎、1981年（原典は1888年）、も触れている。
11　ロシアの南下に危機を募らせ新疆方面へ情報収集活動を展開した。その論拠として、井上雅二『巨人荒尾精』佐久良書房、1910年、塙薫蔵『浦敬一』淳風書院、1924年、といった回顧録があげられる。
12　『復命書』の原典は、荒尾義行『川上操六征清意図並に荒尾義行復命書』（東半球資料、第16号）東半球協会、1942年。前掲東亜文化研究所編『東亜同文会史』明治大正編、113-125頁を参照した。

一般的な基礎調査と変わらなかった。……後年の頑廃した軍からの類推でこの時代のことを考えると当らない」と評価している[13]。

竹内は六角や野間に比べて、経済的活動や教育的側面から戦後の観念的視点とは一線を引いて日清貿易研究所や書院を評価しているように見える。しかし、戦前からのアジア主義や植民地統治を見通すなかで、「国家」や「軍」に対する批判的視線を向けており、その視点の背後には明治からの日本の「近代化」に対する批判や中国の文化大革命を対比した上での視点が存在している。一見すると竹内は好意的な評価に見えるが、1960年代における同時代のなかで書院の問題を評論的に述べている点に留意する必要がある。

こうした六角や野間、竹内らの評価に対して、書院に関係した当事者たちは自らの存在をどのように判断していたのか。戦後に廃校となった書院関係者らが上海の引き揚げとともに自団体を「再興」しようとしたことは研究上にも歴史記述が「連続」する問題として確認できる。そうした「回顧」による視点のなかでは自己解釈的視点であった[14]。

---

13 竹内は1960年に「中国の会」を結成、1963年に『中国』を創刊し、魯迅の翻訳活動を中心に活動した。戦後20年を経過した1965年の『中国』No. 21では書院の特集を組んだ。そのなかで、荒尾の復命書の日清貿易商会構想については「……彼の意見の要点は、貿易を振興して富国を図れということだ。そのために日清貿易商会をつくるべきだが、その準備として、さし当って人材養成のために日清貿易研究所を設ける必要があると彼は説いた」とし、書院は、根津との関係性や調査旅行、左翼学生やエリート主義、文化事業部との問題を示唆的に触れている。竹内好「東亜同文会と東亜同文書院」『中国』(特集・東亜同文会と東亜同文書院) No. 21、中国の会、1965年8月、11–12頁、15頁。

14 たとえば、荒尾精を「大西郷」(西郷隆盛)に比して「巨人」として「偉人」のイメージ像を付して再評価している点に表れている。「いわゆる巨人というものは、そうやたらにあるものではない。人の世において、盛名をはすものもあろうし、事業大成功者といわれるものもあろうし、……だからといって、それらの人を巨人というのは当らない。……ここにいう巨人とは、軍に大男の巨人というのではなく、品性も偉大であり、見識高く、実行力ある大人物をいうのである。どこから見ても、人間の規模が大きく、大勢のものから欽慕せられるような風格の人をいうのである。荒尾は佐々友房、頭山満と義兄弟の約を結んだことがある。……しかも、佐々、頭山らは、ともに荒尾の年長者であつたにもかかわらず、二人ともに荒尾を敬愛し、兄事していたということである。ある時のこと、……佐々は日本の豪傑、頭山は朝鮮の豪傑、荒尾はアジアの豪傑であると評したそうである。その評の当否は別とし、荒尾の人柄、スケールというものが、この評のうちに出ているような気がするのである」(「銀杏樹下の今西郷――東方斎荒尾精」石川順『砂漠に咲く花』1960年)。あるいは菊池貞二「不出家の禅僧達」『瀝友』瀝友会、1961年9月、を参照のこと。また、魚返は「表面の『国家的功績』ばかり」が述べられ荒尾を「教育家」として再評価しようとする。背後に理想を掲

「日清貿易研究所」研究の整理と課題

　これは栗田尚弥が指摘するように、書院関係者の発言は暗黙のうちに社会的制約を受けていたことが考えられる。戦後の1946年、東亜同文書院大学の関係者を中心に愛知大学が創設された際に[15]、その当事者として最後に東亜同文書院大学長を務め、愛知大学創設の立役者となった本間喜一は、終戦後のGHQに対するやりとりの中で、アメリカ側の日本の調査活動に関する疑惑から「スパイ」嫌疑の視線が向けられていたことを回顧するなかで述べている[16]。

　ここで注意しなければならないのは、本間の発言ひとつをとっても、「スパイ」であるとの評価が検証されたわけではないことである。戦前から1950年代に至ってどのように評価されたのかは、書院関係者の判断をはじめ、こうした回顧録に残された発言が残る程度にすぎない。書院を「スパイ」であったと下す評価には、暗に「秘密主義的」「謀略的」「破壊的」イメージが伴う。そして、その成立の目的は単なる「情報収集」にとどまらず、戦争を主導した国家や軍に貢献するためであるとする観念的判断が

げる人物像として意図的に位置づけ直そうとする視点がみられる（魚返善雄「荒尾精の教育と理想」『東亜時論』第2巻第4号、霞山会、1960年4月）。

15　戦後、書院の後継団体となったのは霞山会や東光書院、愛知大学といった存在である。その経緯は、前掲竹内好「東亜同文会と東亜同文書院」22頁をはじめ、前掲栗田尚弥「東亜同文書院の復権――最近の研究動向に則して」、小崎昌業「東亜同文会・東亜同文書院大学の今日的意義――霞山会・愛知大学の伝統継承と発展」『大倉山論集』大倉精神文化研究所、第51輯、2005年3月。東光書院については、村上武「略歴及び解説」『東方斎荒尾精先生遺作覆刻出版』靖亜神社先覚志士資料出版会、1989年。

16　「……昭和二十二年四月だった。二十二年一月に予科を開き、同年四月学部第一、二、三年を開こうとして多くの先生方と交渉している三月ごろだった。突然名古屋軍政部・東海軍政部・さらに京都軍政部までいっしょになり、本学へ調査にやって来た。何を調査にやってきたのかというと、海外から帰って来た同文書院の連中がごっそり集まって、何かごそごそやっているが、スパイ行為でもやっているのじやないかというようなことを考えたか、投書でもあったかしたのだろうと思う。……学長宅で午前午後にわたっていろいろきかれた。それはこの大学が同文書院の復活ではないかということだけだった。同文書院は中国に対する文化侵略だったというのが彼らの頭だ。……同文書院の人も多く、学生も大半が同文書院だったので、復活と思ったのも無理からぬことであった。また同文書院が普通の商科大学であったのをスパイ学校だくらいに考えていたのは、戦前からの英米人の偏見であった。軍政部の連中は、『同文書院は国の費用でやっていたのだろう』と問う。『そうだ、私立大学ではあるが、だいたいは国の費用でやっていた』。『そんなら、学生は何か義務があるだろう。費用を出していて義務を負わせないとはおかしいじやないか』というわけで、アメリカ人としてこう考えるのはもっともであろう。このような話になったので僕は愛大をつぶしに来たのじやないかと思った……」（本間喜一「愛知大学を語る（二十周年記念公演）」『愛知大学二十年の歩み』（第六章 別録、昭和42年11月14日）愛知大学二十年史編集委員会、1972年）。

つきまとう。そうしたイメージを伴いつつ、六角や野間のように、国家や軍と関連させて判断した視点が1960年代には先行した。この点が戦後における歴史的評価の基準点のひとつであったと言える。

　書院関係者にとって外部からの「疑惑」が存在した時期に、自団体への自己評価として「自衛的」に回顧録を残すにとどまっていたことは、ある程度やむを得ないことであろう。ただし、そうした自己評価的視点とは別にして、漢口楽善堂から日清貿易研究所、書院までの評価が、対外的視線（外国人研究者など）にさらされたとき[17]、書院関係者の自己評価も1960年代の研究評価も自己弁明的なものに映ることも否めない。また、近年に至ってもこうした評価が省みられることなく、日清貿易研究所から書院、そして現在へと「通史」に位置づけられており、決してその歴史的評価への判断が問われているわけではない。

　ほかに書院生の回顧としては、軍事動員や戦争体験といった戦争関与の「記憶」[18]も見受けられる。これは現在に至った上での問いでもあるが、「ス

17　ひとまず欧米の研究整理として、武井義和「第2次大戦後の欧米における東亜同文書院」、藤田佳久編『オープン・リサーチ・センター年報』第4号、愛知大学東亜同文書院大学記念センター、2009年（国際シンポジウムの講演録）を参照。

18　「従軍通訳によって戦争の現実を直視した三十四期生は、書院生として当初抱いた従軍の理想・信念が脆くも打ち砕かれるのを感じた。大きな矛盾をはらみながら堂々と戦争が遂行されていく巨大な力の前に、如何ともなし難い自己の無力を痛感するままに、従軍中に学校側が親心で決めてくれていた就職先を拒否する者が続出し、あるいは全然就職の意思をなくする者も現れた。世俗を超越した虚無感が同期生の多数を支配したのである」（井上佶、第34期生）（「支那事変と従軍通訳」前掲『東亜同文書院大学史 創立八十周年記念誌』574頁）。この指摘は、栗田尚弥『上海東亜同文書院――日中を架けんとした男たち』新人物往来社、1993年、14–15頁。また、滬友会の回顧録にも戦時から「スパイ」の視線を感じていたことが述べられている。「……私は陸軍士官学校に在学中であったが、胸部疾患のため……教育総監部の計らいで東亜同文書院大学の依託学生として……適用を受けたわけだった。やがて私は牧田理事に呼び出され面接が行われた。そこで……陸軍省の依託学生ということは東亜同文会として問題がある。この点については推薦母体である陸軍省と話し合うとのことだった。そのとき牧田理事から東亜同文書院建学の由来、……について説明があった。平和理念による日支相互の提携と経論について懇々と話され、大陸で日本陸軍の行っている武力施策とは一線を画しているということであった。上海で校舎を焼かれ、ややもすれば中国側から東亜同文書院は日本のスパイ学校ではないかと疑問視されているという見方もあった。……その後書院大学の和歌山県費留学生に決定されたので、……しかし昭和十八年十月に一般の学徒出陣前に中支派遣の宣撫班勤務を命ぜられた。やがて関東軍情報部に転属して、佳木斯特務機関で対ソ諜報を行ったので、終戦後はソ連に長期抑留されることになった。……昭和十五年頃の日本の軍国主義の真只中で、大陸の第一線の上海にある書院は、何かにつけて軍部に追随する事はやむを得ぬことであろう」（尾崎茂夫「軍と一線を画す――私の書院

パイ」という「情報収集」活動のあり方に目を向けた視点として、書院および書院生の軍事動員や戦争体験等を検証するような研究テーマも希薄である。軍や国家への関係性が指摘されてきたといっても、こうした点が充分に検証され議論が続けられてきたわけではない。むしろ、漢口楽善堂や日清貿易研究所の存在が、軍や国家と関係を持つような「情報収集」の端緒を築きあげたものとして、書院の前史に連続的に語られるなかで、評価が記述のなかで常に連動している。

　こうした評価とは別に、佐藤三郎は1965年に軍事史学会を立ち上げ、その創刊号の巻頭を飾り、日中間の動向を理解したうえで「国情偵察」の問題を軍事史の視点から位置づけようとした。佐藤は、「対立関係にある国と国とが開戦に先立ち秘策を尽して相手国の国情軍情の偵察を行うことは、古今東西見られるところである」が、そうした情報収集が秘密裏かつ「その内容の詳細を外部から知ることは難しいのが普通である」とした上で、時代的な「情報収集」の必要性と情報の秘匿性を指摘し、征韓問題から台湾出兵、1884（明治17）年の朝鮮事件（甲申政変）の動向のなかで、荒尾たち日清貿易研究所の「国情偵察」活動を評価しようとしている[19]。しかし、佐藤が軍事を正面に据えて指摘したような視点は、1970年代には継承されず個別研究化してしまう。

　こうした竹内や佐藤の視点からは、検証対象が荒尾や日清貿易研究所のみではなく、背後に戦争状態に陥った国家がどのような方向性をたどり、どのように戦後に連続するのかといった、1960年代における広く日中間にわたった同時代的な視野にもとづく評価がなされていることに気づく。

　　　入学と同文会」『滬城に時は流れて　東亜同文書院大学創立九十周年記念』滬友会、1992年、109-111頁）。
19　たとえば、荒尾の『復命書』に対して、「……荒尾個人の目指したところは、かくの如く弱体化した中国を侵略征服することではなく、西力に対抗するために日中両国の協力体制を作ることであり、彼はその為にはまず中国に一大打撃を与えて覚醒を促すことが必要だと考えていたもので、荒尾のこの思想は彼に協力した青年達にも大きな影響を与えた。なお彼は明治二二年四月帰国し参謀本部に復命しているが、四年に亘る偵察任務従事中彼は日本人の中国理解を深めるためには貿易に従事する人材を養成することが急務であると考えるようになり、そのために日清貿易研究所を上海に設立する計画を立て軍務を退いて之に専念することにした」（佐藤三郎「日清戦争以前における日中両国の相互国情偵察について——近代日中交渉史上の一齣として」『軍事史学』創刊号、1965年5月）。佐藤は戦前に北京に勤めていたことから日中両国間の関係に興味をいだき、日中関係史を主軸として研究を行っていく。

1960年代において組織の系譜が整理しはじめられた段階での評価は、楽善堂や日清貿易研究所、書院の成立やその活動が連続的に描かれるなかで、組織活動の一環として継承された「情報収集」活動の問題に対して、国家や軍との関係性が意識されるとともに、組織への評価として「侵略的」な「スパイを行っていた学校」という観念的視点を帯びて、評価が連続していったと捉えられる。

　当時、荒尾たちがなぜ、何のために「情報収集」を行っていくのか、活動実態をめぐる評価に対しては、佐藤三郎や後述する「領事報告の研究」の分析を通じてさらに理解が深められていった。荒尾たちが活動した1880年代は、国家の公式、非公式のルートを問わず、さまざまな層で基礎的「情報」が世界的に求められた時代でもあったが、その「基礎的情報」のうちのひとつにすぎない軍事情報の収集活動が、「侵略戦争」の初端の活動として位置づけられ、日清貿易研究所が理解されてきたとも言える。これは言いかえれば、漢口楽善堂から研究所・書院までの歴史記述及び評価が、国家や軍に対するイメージから免れえない研究課題であったとも言える。

　こうした評価の一端には史料公開の状況も関連する。当時積極的に引用されていた史料は、書院の後継団体となった霞山会（戦後当時は霞山倶楽部、現一般財団法人霞山会）が所有していた『沿革史』や『東亜同文書院大学史』などの「通史」史料のほかに、『対支回顧録』、『続対支回顧録』、『東亜先覚志士記伝』といった「回顧録」史料であった。これらが再版されて検証材料が増加したことに加えて、関連人物が徐々に明らかになると同時に、『巨人荒尾精』をはじめとする人物的伝記の史料発掘がなされていった。しかし、現時点での研究視点として、これら史料は引用への利便性が高い反面、「アジア」や「日本国家」へ果たした「貢献」度が強調・集約化され、自らの存在・アイデンティティ、存立基盤が肯定的に記述されており、史料属性として主観に満ちた「持ち上げられた」評価であることも理解しておく必要がある。

3 1970年代における評価の拡がり

　1970年代になると60年代の評価を受けて、政治や思想背景をふまえた研究が各歴史分野で登場する。六角や野間、竹内らが想定した戦前からの連続性への指摘が理解された上で同時代的な整理を通じた評価が述べられるようになる[20]。

　1979年に公表された視点として、森時彦と江頭数馬の指摘がある。森時彦の視点は、荒尾精と根津一の連帯性や、思想的連続（根津精神、至誠）を指摘し、調査活動の象徴であった『清国通商綜覧』の史料的価値を評価する。また荒尾のアジア認識や対清認識の変化に触れ、「商権奪回論」の議論が存在したことなどを指摘し、現在の研究視点につながる数々の問題を史料にもとづき公正に評価しようとした[21]。

　一方で江頭は、日本経済史の主流となる資本主義発達論と、同時代の国際情勢を整理した上で、日清間の貿易に果たした「貢献」や、経済的「協

20　たとえば、教育史からは阿部洋ら国立教育研究所のグループが日本人教習（お雇い日本人）や留学生問題といった考察を展開し、阿部自身は東亜同文会の中国人教育事業や「対支文化事業」といった関連から書院を研究している（阿部洋『日中関係と文化摩擦』巌南堂書店、1982年、同『対支文化事業の研究』汲古書院、2004年）。阿部は荒尾精や日清貿易研究所については、その関連性を紹介する程度に留めている。また、教育史の交流を通じて、アメリカからダグラス・R・レイノルズが日中関係の側面とあわせて書院を評価する（ダグラス・R・レイノルズ「東亜同文書院とキリスト教ミッションスクール――半植民地下中国における外国教育機関との比較」前掲ピーター・ドウス・小林英夫編『帝国という幻想――「大東亜共栄圏」の思想と現実』）。近年、これらの視点とは別に、東亜同文書院の「中国語教育」の内面に研究視野が及んでいる（石田卓生「東亜同文書院の中国語教育について」藤田佳久編『オープン・リサーチ・センター年報』第4号、愛知大学東亜同文書院大学記念センター、2010年6月）。

21　楽善堂の諜報活動については「明治十九年（一八八六）から三年にわたっておこなわれた楽善堂の諜報活動で、荒尾はより広範でより組織的な情報収集の必要性を痛感した」とし、荒尾の国際観は「西欧の侵略に対抗する運命共同体というよそおいをまとっているものの、その実体は、日本の極東における優位を確立することに主眼があった」とする。荒尾の貿易立国論については「中国市場の争奪こそが、欧米との商戦の主戦場であり、地理的、風俗的に近い日本が、労少なくして功多い成果をあげてとうぜんである」が、「日本の対中貿易は、欧米人に劣るのみならず、中国商人にすらその利益を壟断され」、その「克服するために、日清貿易研究所を設立し、日清貿易のエキスパートを養成するとともに、中国の商情の調査研究をおしすすめ、欧米の手から中国の商権を奪回しようというのである」とし、「ふつうの商業学校などとはちがう一種特有の使命感をもつ教育機関となった」と指摘する（森時彦「東亜東文書院の軌跡と役割――『根津精神』の究明」『歴史公論』4（近代アジアのなかの中国と日本）、第5巻4号（通巻41号）、雄山閣、1979年4月、51頁）。

力」という視点から、好意的に日清貿易研究所を評価しようとした[22]。これらの研究は、1960年代のイデオロギー的判断を帯びた研究とは一線を引いて、時代条件や史料にもとづき客観的に指摘し得る点を述べようとしている。しかし、1970年代以降の研究は、そうした観念的議論からはなれて各分野における問題点から評価を位置づけようとしたため、後の研究が明らかにしたような、経済や軍事との関連性が判然としないまま、評価が不連続を起こしてゆくこととなる。

4 政治史の視点による当事者への評価

1970年代に進められた研究のうち、日本政治史の議論は日清貿易研究所を中心とする評価に影響を与えた。特に、酒田正敏の「対外硬運動」の研究は[23]、1970年代当時における、藩閥と政党、官僚勢力と民間勢力の対抗関係といった当時の政治史的分析課題をもとに、「国内問題をめぐる争点動態との関連」から政権野党派の政府批判に目をむけて、対外政策分析と対外交渉過程に焦点をあてようとした。そして、対外硬諸団体の広範な議論をふまえた上で、「志士」による「非政権派」の動向を「対外硬」派として一定の政治層として概括しながら、そのなかに楽善堂や日清貿易研究所を位置づけている。

酒田は荒尾らの一連の活動が「対外硬運動に組織的に参加する政治的に

---

22 江頭数馬「東亜同文会の活動と清末の情勢」(上)『東亜』No. 140、財団法人霞山会、1979年2月号、同「東亜同文会の活動と清末の情勢」(下)『東亜』No. 141、財団法人霞山会、1979年3月号。
23 対外硬運動の研究は、酒田によれば、日清戦争を前後とする時期に、対外問題を争点に強硬外交・対外強硬を主張した団体の運動で、国内外にわたる政治状況や志向が対外問題の意見や態度に現れるとするものであり、同時期の政治的諸団体を概括しようとするものであった。野党派、非政権派の政府批判運動(政権擅私、有司専制、藩閥構成、非立憲制)のなかに見られる対外硬スローガン(国権・国益の回復・維持・伸長)は、政権非主流派・反主流の諸政党、在野・民間の連合形成のためのスローガンであり、個々の対外政策は「国権・国益の回復・維持・伸長を意図したものであるか否か」は「きわめて包括的」であって、「手段と目的の適合性を判断する普遍的基準は存在しない」と指摘する。なぜなら、対外硬派とよばれた非政権派の主張した内容は、対外批判のスローガンと、国内問題(反有司専制、反藩閥、反非立憲)との議論があわせて論ぜられるもので、対外問題の連合は、国内問題のための連合であったとする(酒田正敏『近代日本における対外硬運動の研究』(第一章 日清戦前の対外硬運動)東京大学出版会、1978年、1-8頁、61頁、68頁)。

アクティブな集団」ではなくても、「その社会的活動によって対外硬運動の基盤の育成、人材の再生産、対外硬派の人脈の拡大等に大きな役割を果たし」たと評価する。

たしかに、荒尾らが活動しはじめた1880年代は、対外硬派が政権批判を通じて「大同団結」してゆく時期である。荒尾も当時展開された意見とは政府とも「対外硬派」とも一線を引いた主張を展開し、その潮流にも軌を一にする。しかしながら、荒尾はいずれかの諸団体（政党）に肩入れするわけではなく、政党や政治議論の枠外で独自に行動しようとしていった。それは1880年代の経済に対する同時代的な視線であったが、酒田の評価においては、「調査」活動や「経済的」側面への指摘が捨象されてしまっている。

大森史子の視点は1960年代の政治史の議論と評価を受けたものであった。大森は、東亜同文会の当事者たちを「貴族院、進歩党の一部に政教社関係者を加えた国内政治グループと、大陸浪人といういわば在中国実践グループの合体であった」として、政治性を帯びた「実践団体」としての側面を強調しようとする。しかし、日清貿易研究所について、東亜会は「民間対外硬派と進歩党議員が中心」で「中国と朝鮮に強い関心を抱いた人々であった」が、同文会は「日清戦争前、風餐露宿大陸を放浪し、やがて荒尾のもとで支那改造の夢に酔いつつ、軍の対中国諜報活動に従事した"浪漫と謀略の徒"大陸浪人たちであ」り、「自身の事業を振興する一方、日本の勢力を扶植し、あわせて欧米資本主義に対抗する上でも、かれらは国内に有力な支持勢力を求めた」として、最終的に「東洋学館、日清貿易研究所は、経済人や中国研究人の養成機関ではなく」、「その目的が極めて功利的かつ軍事的色彩が強かったため、結局は中国を現象的にしか捉え得なかったのである」と評価する[24]。

---

24 「……在中国実践グループは、その諜報・言論活動（現地語新聞の発行など）ともども、日露戦争後、組織化の進む軍・外務省の出先機関に吸収され、東亜同文書院に代表される教育活動のみが、東亜同文会の中心事業として残り、中国進出を図る各分野への人材提供、補給部門として機能し続けたのである。そして……東亜同文会は『上海・漢口・天津各地に同文書院を設け、中国語や中国の習慣を身につけた人材を養成して、中国各地で種々の活動を行った』中国に対する『経済文化侵略機関』とみなされるようになるのである」（大森史子「東亜同文会と東亜同文書院——その成立事情、性格および活動」『アジア経済』第19巻第6号、アジア経済研究所、1978年6月、77頁、79-85頁）。

大森は、酒田の対外硬派の議論をふまえて、同時代の対中団体となる東亜会や同文会の成立から、日清貿易研究所、書院の「対中国文化教育」までの側面を整理し系統立てて描き、「団体」としての存在を浮き彫りにしようとした。しかし、視点の背後には、「功利的かつ軍事的色彩が強い」と捉えており、野間が下した評価の影響が見受けられる。

　加藤祐三も「集団」としての評価に着目し、東亜同文会の歴史的役割が諸団体に比べて極めて特異であるとして、同文会メンバー（井上雅二、荒尾精、白岩龍平、岸田吟香ら）の存在を、「中国滞在の経験がきわめて長く、それも早い時期」に渡った「実地派」として概括している[25]。

　この加藤の「実地派」と評価する括りは大森の「実践グループ」と差はない。しかし、加藤は東亜同文会の機関誌『東亜時論』の分析を通じて、実地派の系譜を位置づけている。その上で、岸田と荒尾の人脈や同文会に対して、「中国での経験が長く理論より実践を重視」し、「日本国内の政争にはあまり興味をもっていないようであ」り、「中国を知らない日本の政治家にたいして、自分たちは中国の実際を知っているのだという自負を対置し、ここに自己の役割を意識している」と指摘する。また、荒尾の意見については「経済力の不足が軍備拡張をおさえている主要な要因であることを正確に認識している。荒尾はこの現状認識から出発して経済力・国力増強のために、日中貿易・対中投資を考え、そのさらに準備として、中国経済の実態把握の重要性をといている」として評価する。

　このように、1970年代になると、この当事者たちの存在をいかに把握するのかをめぐって、酒田が政治史的側面から評価し、大森や加藤が諸団体としての評価を位置づけようとしたように視点の幅を拡げた論考が現れるようになった。しかし、楽善堂から書院の成立過程における記述が、より具体的に連続して述べられるようになった反面、当事者たちの評価をめぐっては「支那通」「大陸浪人」「志士」といった単純には規定づけできないような評価が加えて付されるようになっていった。そうした評価は、楽

25　加藤祐三「東亜時論」小島麗逸編『戦前の中国時論誌研究』文献解題26　中国関係新聞雑誌解題Ⅱ、アジア経済研究所、1978年3月、7頁、12頁、17頁。大森史子は加藤の主張をふまえている。アジア経済研究所については、前掲末廣昭「アジア調査の系譜──満鉄調査部からアジア経済研究所へ」、57頁。

善堂、日清貿易研究所を通じた荒尾精たちの活動から、東亜同文会、書院の設置に至るまでの動向を連続して記述するなかで生じていった。特に1960年代のイデオロギー的評価が介在しながら、その役割や性質をめぐって、国家や軍に積極的に関わった日清貿易研究所や書院の存在を「謀略的機関」と見なすのか、「経済人」や「中国研究人」を生み出した民間の「養成機関」と見なすのかといった判断に分かれていった。

　1980年代になると、畑中ひろ子や霞山会（書院の後継団体）らが分析するなかで評価が拡散してゆく。畑中は野間の論考を受けて、漢口楽善堂の人脈的組織的系譜をより系統立てて分類しつつ、主題を楽善堂に限定して、当事者たち「支那通」の存在を「実感派」と呼びかえて、存在をより明確にしようとする。しかし、結局、「ヒロイズム」「ロマンチシズム」に陥った彼らは「『興亜』についての明確な見取り図を描け」ず、「大陸侵略の片棒を担わされることになった」[26]との一面的判断を下している。

　また、霞山会から出版された史料集の『東亜同文史』では、精神性を継承しようとするあまり、「志士」を「崇高な使命感に燃え」た人物として描いているため、全般的な記述が『対支回顧録』などの史料記述に引きずられて、評価が誇張されてしまっている[27]。

26　畑中の分類は以下の通り。①「支那通」を、a.「文献を主として研究した支那学者」、b.「実際に中国社会で生活し、実感から中国を認識したものたち」として2つに区分し、これらを「実感派」（「大陸浪人」もこの系統に属す）とする。②楽善堂をa.「熊本・佐々友房系統」、b.「東北・南部次郎（東次郎）系統」、c.「東洋学館系統」の3つの系統に分類。③世代・出自として、a.「明治維新〜1860年代生まれ」であること、b.「士族層の教養」が儒教であり、忠誠心が藩から国家（天皇）へ移行したこと、c.「明治政府のエリートコースから外れた藩の出身者」に分類している（畑中ひろ子「漢口楽善堂の人々——大陸浪人の源流」『明治大学大学院紀要』第25集（3）、1988年2月）。

27　朝日新聞記者の蔵居良造が中心となって編纂した史料集。第一章の執筆担当者は新聞記者（野上正氏［元朝日新聞論説委員、書院40期］、蔵居良造［元朝日新聞論説委員、霞山会理事、書院28期］）らが執筆。評価については、たとえば1884年の甲申事件（江華島事件）を引き合いに出して、「その背後にはロシア勢力の介入もあり、国防論者の危機感をいよいよ追い詰めた。このような国際環境下で朝鮮半島を越えて眼を大陸に向けていたのが荒尾精ら若き志士たちであった。荒尾は征韓論に啓発されて西郷隆盛に私淑し、士官学校をへて参謀部員となり、……軍はこの有為の人材を惜しんで軍籍離脱を許さなかった」と述べ、荒尾の構想には「国政を司る大為政家・宰相の見識というべきであろう。士農工商の厳しい階級制度の崩壊からまだ遠くない時代に、悠然と世間を見下す特権者の馬上から飛び降り、金ぴかの将校服を惜し気もなく脱ぎ捨てて、素町人と蔑まれる社会に飛び込むことは単なる侠気や血気のみでできることではあるまい。崇高な使命感に燃え、高遠な理想を求め、自由にして闊達な思想を抱き、世俗に超然として天下を睥睨する壮大な気宇なくしては叶わないことであろ

こうした論点は、客観的に実証するため、観念的評価とは一線を引いて、楽善堂、日清貿易研究所、書院の当事者たちの存在に直に向きあって述べられるようになったと言える。1960年代をめぐる「謀略的機関」か「教育機関」かの評価は、言いかえれば「情報収集」と「人材育成」の目的や役割に対する議論であったが、1970年代には団体としての性質に理解が及ぶなかで観念的評価は希薄化していった。

5　政治史的分析と対外認識論

　一方で、政治史や外交史の視点の先は、「認識論」の問題に結びつくこととなった。日本政治史では1980年代になると、個別の政治家や思想家の史料編纂や公開とともに、国民国家形成やナショナリズムの興隆、脱植民地化の思潮や運動といった議論が重ねられていった。この日本の対外政策の根底にある、アジアと「連帯」したのか、それとも「侵略」したのかという問いは、当時の日記や新聞雑誌といった史料の読解・比較を通じて「アジア主義」の問題が関連しながら分析がなされていった[28]。楽善堂や日清貿易研究所の研究については、荒尾精や周辺人物の対外的言動が個別に分析されるようになり、日本の国際環境をめぐる対外政策や外交交渉、政策決定の経緯とその対外イメージといった問題意識が視点の枠組みに置かれるようになった[29]。

　　う」として描く（前掲東亜文化研究所編『東亜同文会史』9頁）。
28　対外認識やアジア主義の問題については多数論考が存在するが、ひとまず、原田正勝「大アジア主義思想形成への展望」『歴史学研究』第229号、1969年3月、古屋哲夫「アジア主義とその周辺」『近代日本のアジア認識』京都大学人文科学研究所、1994年、伊藤之雄「日清戦前の中国・朝鮮認識の形成と外交論」『近代日本のアジア認識』京都大学人文科学研究所、1994年、同「日清戦争以後の中国・朝鮮認識と外交論」『名古屋大学文学部研究論集』史学40、1994年。枠を拡げる試みとして、松浦正孝編著『アジア主義は何を語るのか──記憶・権力・価値』ミネルヴァ書房、2013年。
29　荒尾精死後、新たな顔役となる近衛篤麿は欧米への対抗を意識した人種論を主張し、東亜同文会結成を通じて、新たに対外硬の活動を展開していく。山室信一は「文明」や「人種」といった基軸をもとにアジア主義研究に位置づけ、「アジア」そのものの認識を把握しようとする。「侵略主義と連帯意識の微妙な分離と結合の状態」を中心関心として、「アジア」の対象が何かといった問題（イデオロギー、地域概念、内容・対象者）に答えを見出そうとする。特徴として、①欧米に対する要求や対抗・欧化主義指向、②アジアが欧米に圧迫されて衰頽しているという認識、③アジア諸民族との連帯への指向、④危機感・正当性・優越感が

そのなかでも翟新は、日本の「中国認識」の問題について、東亜同文会の対外活動と対外認識をテーマとして、アジア主義の議論を視野において、政府の政策や「非政府団体」との関連や日本の全体の対外認識論のなかに東亜同文会の「中国」認識を位置づけようとした。特に、荒尾精の基礎的史料を駆使して、東亜同文会を理解するための思想的源流の前提として荒尾の対外認識論において示唆に富む指摘をなしている[30]。

　翟によれば、楽善堂での活動が「単純な情報蒐集工作ではな」く、荒尾の中国認識は「明治維新以来の国権主義的風潮に発する大陸への関心から出発したが」、「体系化させたのは軍部での使命でスタートした漢口楽善堂による中国情報活動であった」とし、また、『復命書』については、「東アジアにおける中国を位置づける戦略的意識が見出され」、「人種的文化的な連帯よりも、むしろ地政学的国際政治観を基盤とするものであった」とし、「欧州に先んじて中国を制圧するための政策構想として軍部に提出されたこの報告書には、中国における通商事業への支配を、中国改造を狙った対中策の一環と位置づける意図が示されている」として日清貿易商会構想に至るまでの論理展開を導いている[31]。しかしながら、こうした評価は、次に述べる経済史の指摘とは対照的な判断を示している。

　　存在する。議論の要素抽出が可能になった一方で、ステレオタイプ化した結果、「エスノセントリズム」（自国中心史観）に限界があると指摘する（山室信一「日本と東アジアの関連をめぐる新視角を求めて」古屋哲夫、山室信一編『近代日本における東アジア問題』吉川弘文館、2001年、同「日本外交とアジア主義の交錯」『日本外交におけるアジア主義』（年報政治学）日本政治学会編、1998年、同「アジア認識の基軸」古屋哲夫編『近代日本のアジア認識』京都大学人文科学研究所、1994年）。ここでは近衛篤麿について触れないが、坂井雄吉「近衛篤麿と明治三十年代の対外硬派──『近衛篤麿日記』によせて」『国家学会雑誌』第83巻第3・4号、1970年8月、相原茂樹「近衛篤麿と支那保全論」岡本幸治編『近代日本のアジア観』MINERVA日本史ライブラリー⑤（第2章）ミネルヴァ書房、1998年、山本茂樹『近衛篤麿──その明治国家観とアジア観』MINERVA日本史ライブラリー⑩ミネルヴァ書房、2001年。

30　「従来の研究では『軍事的情報機関の組織者』及び『侵略主義の立案者』という荒尾評価が主流であった。近年来荒尾に関して再評価がなされているが、それでも幅広い資料の収集と分析にもとづく基礎研究を進めることが、依然として重要な課題であるとの印象を払拭しえない」（翟新『東亜同文会と中国──近代日本史における対外理念とその実践』慶應義塾大学出版会、2001年、20頁）。荒尾については、第二章の「対外理念とその実戦の祖型──荒尾精の中国観」を参照のこと。

31　同上書、38-44頁。

6　経済史における認識と評価

　1980年代から90年代に至ると、明治維新後の国際的条件や政治内部の動向が整理されると同時に、戦前日本の「近代性」の追求や「国民国家」の統合の問題から、「アジア主義」研究や「帝国主義」研究が関連し、アジア・欧米との対立あるいは結合の問題をどのように把握するのかといった視点が議論の枠組みに置かれていった。特に経済史の視点から、日本開港後の世界市場参入と国民経済化の過程が関連して資本主義世界市場への参入が視点の内におかれるようになると、地域での市場の生産や流通、貿易路、通商網、製造業の輸入代替工業化構造といった課題が個々に議論されるようになった。このうち明治初期の貿易政策への理解に及ぶと、日清貿易研究所の活動と荒尾精の「商権獲得論」が枠内に収めて述べられるようになった[32]。

　高嶋雅明は、後述する角山栄らが行った領事報告の研究をふまえて、1880年代の日本財政史の研究が新聞からの視点に偏重しているとして、直輸出政策の担い手として日清貿易研究所を位置づける。高嶋は直輸出政策のなかでも、輸出戦略の情報拠点となった「商品陳列所」の動向を、楽善堂の活動から漢口領事町田実一の「意見書」に注目して、荒尾の『復命書』と同様の趣旨であることを指摘し、荒尾の意図が西洋の対清策に対抗して「国権を清国に拡充するための組織を構築」することにあり、そのために「商権回復」を認識した上で、日清貿易研究所について「日清貿易商会設立あるいは貿易実務者を養成」するものであったと評価する[33]。

　この高嶋の評価は、大森が団体の評価として「支那改造の夢に酔いつつ、

---

[32] 日本経済史の論考は数多存在するが、ひとまず70～80年代の整理として、石井寛治『日本経済史』東京大学出版会、1976年、坂野潤治主編『資本主義と「自由主義」』岩波書店、1993年。1880年代の経済的諸条件として、①紙幣整理による通貨安定と物価下落、②銀価下落による円安、③ウィーン万博の宣伝効果、④松方財政による外貨獲得、⑤前田正名（農商務次官）による輸出産業奨励策、⑥日本貿易商会（1885年11月）、商業会議所聯合会（1892年9月）による貿易拡張策、といった指摘が、明治政府の通商貿易政策たる「直輸出」政策の把握を通じて指摘される（高嶋雅明「明治初期直輸出政策と『海外試売』」『経済理論』第213号、和歌山大学経済学会、1986年9月、同「輸出貿易政策と海外商品見本陳列所」『経済理論』第218号、和歌山大学経済学会、1987年7月）。

[33] 高嶋雅明「輸出貿易政策と海外商品見本陳列所」『経済理論』第218号、和歌山大学経済学会、1987年7月。

軍の対中国諜報活動に従事した"浪漫と謀略の徒"大陸浪人たち」と規定し、また翟新が荒尾の認識をもとに「国権主義的風潮」から軍部をへて「地政学的国際政治観を基盤」に備えて「通商事業への支配を、中国改造を狙った対中策の一環」であったとする評価とは対照的である。ここで高嶋が把握しようとしているのは、1880年代を前後とする時期の貿易構造であり、その論点からは1960年代に見られた観念的評価や政治史の提示した諸課題を捨象してしまっている。

　佐々博雄は、通商貿易の側面から町田意見書との比較や熊本実学党との人脈的関連をおさえて、荒尾の日清貿易商会構想について述べる。佐々は、そもそも書院の前史として扱われていた楽善堂・日清貿易研究所の研究を、書院の記述から切り離し、通商貿易の視点から日清貿易研究所の前後の問題を指摘する。高嶋が指摘した町田実一との関連をさらに発展させて理解し、「日清貿易研究所や日清貿易商会の設立構想は日本の『領事報告』制度の中で本国に経済情報を報告していた漢口領事町田実一の構想を、その源流にしている」と判断し、日清貿易研究所の熊本出身者の白岩龍平や土井伊八らのその後の活動をふまえて、経済史のなかに位置づけている。こうした佐々の評価は、それまで見落とされてきた、事実関係を史料にもとづき客観的に見直そうとするものであり、1980年代までに閉塞した評価の幅を拡げるものであった。また、日清貿易商会設立の目的に、「中国における探偵活動の嫌疑を避けるという荒尾の軍人的立場からの設立目的も含まれていた」が、しかし貿易・情報収集活動を通じて「清国、特に漢口における経済・通商活動の重要性をまず認識し、町田などとの接触を通じて、単なる軍事探偵活動だけでなく、それらを包括するより大きな日清貿易振興策ともいえる日清貿易商会構想実現のために中心的主導者とな」ったと評価する。佐々は荒尾の現場認識に加えて、他者との人脈交流が、軍事から経済視点への転換を促したと評価するのであるが、軍事に関する点は端的に触れるにとどまり、政治的な判断については触れていない[34]。

34　町田実一は漢口領事館初代領事として漢口楽善堂を背後から支援しており、町田の領事報告のなかにも荒尾と同様の構想が見える。時系列順に理解すれば妥当な評価であるが、どのタイミングで荒尾・町田がそれぞれ会見し、構想したのかは判然としない。町田実一と荒尾の

村上勝彦はそれまで議論されてきた争点から荒尾精や日清貿易研究所の問題に対して、活動内容や教育内容を整理して記述する。さらに、当時の多国間関係を日本の産業革命の視点から、同時代的な貿易構造と「商権問題」に切り込む。この「商権問題」は経済史の議論が重ねられるなかで、当時の対外貿易活動の中で認識されていた議論のひとつであった。明治期1870年代から1880年代にかけては、欧米に対する国際問題の争点が整理されると当時に、欧米商人に対する対抗意識の視点が当時の議論の中から把握されていた。そして、海産物食料を中心とする直輸出構造が把握されるにともない、欧米商人だけでなく、神戸や大阪、長崎などに見られるような「中国商人」が「対抗」した存在として浮かび上がっていった。当時のこの「商権問題」の認識は、内地雑居化する大阪や神戸の仲介貿易構造のなかで団結力の強い清国商人から「商権」を「奪還」あるいは「回復」するといった論理が展開された。村上は「商権問題」を導くなかで、荒尾たちの「軍事密偵活動」について、陸軍参謀本部の組織的な派遣からして「後年編纂された個人的伝記類によって、派遣将校個人の意見で活動したのではないかのように想像するのは問題が多い」し、『復命書』に見られる認識も「手段としての貿易ではなく、目的としての貿易の重要性を強く認識し、任務分担として荒尾は後者に力点を置いた」と評価し、1960年代以降の議論をふまえて記述する。しかし、貿易構造・商権獲得論を論証

　　構想比較については、「……日清貿易商会や日清貿易研究所の構想は、従来、一般に理解されているように荒尾個人の構想によるものではなく、当時、アジアの市場獲得をめぐって繰り広げられていた各国の経済戦争の真只中で、新市場についてのより正確な情報を入手する目的で組織的な経済通商に関する情報活動を行っていた領事である町田の貿易拡張意見において、まず、その構想がなされたのであり、また、明治十九年に漢口に赴任した荒尾は、その前年に既に着任し領事業務を行っていた町田と楽善堂の委託販売などの貿易業務の援助を通して接触することにより、しだいに町田構想の実践者となっていったものと考えられる」（佐々博雄「日清貿易商会構想と日清貿易研究所」『アジアの教育と文化』（多賀秋五郎博士喜寿記念論文集）多賀秋五郎博士喜寿記念論文集刊行会、厳南堂書店、1989年10月、371頁）。佐々は東洋学館や熊本紫溟会の動向をおさえて述べている。あわせて眼を通しておきたい。たとえば佐々博雄「清仏戦争と上海東洋学館の設立」『国士館大学文学部人文学会紀要』第12号、1980年1月、同「日清戦争後における大陸「志士」集団の活動について——熊本国権党系集団の動向を中心として」『国士館大学文学部人文学会紀要』第27号、1994年10月。町田実一の判断は、前掲外務省記録「楽善堂実況探問ノ件」や、JACAR（アジア歴史資料センター）Ref. B10073724900、『外国貿易ニ関スル官民ノ意見書』外務省記録（B.3.2.1.2）外務省外交史料館収蔵などに見える。

する反面、論点が経済面への指摘に収斂されてしまっており、荒尾が後に判断を下す『対清意見』や『対清辨盲』のような、政治的軍事的な側面に対して視点が後退してしまっている[35]。

以上の指摘にみるように、政治史の分野では荒尾や集団としての「対外認識」の視点から言説の整理を通じて位置づけがなされたのに対して、経済史の分野では同時代の通商政策や貿易構造の把握のなかに荒尾精や日清貿易研究所の問題を分析しようとした事が分かる[36]。

7 「調査」活動をめぐる「情報機関」としての評価の差異

1980年代に至り、日本政治史、外交史、あるいは日中関係史、経済史といった各分野において対外認識論や貿易構造の議論が試みられたことによって、日本国家全体の「情報収集」をめぐる問題に視点が拡大していった。

1986年に出版された『日本領事報告の研究』[37]では、国際商業競争・国際通商貿易の激化や世界市場へ参入してゆくことをふまえ、商品、資本、労働、技術、そして情報といった分析要素を「対外情報収集」のひとつと捉え、「情報活動」や「情報システム」へと議論を導いている。同書の指

---

[35] 村上の指摘した構成は、以下の通り。軍事密偵活動、復命書の特徴、漢口楽善堂、町田意見書、生徒募集（石川・博多演説）、教職員の構成と性格、カリキュラム、近代日本の商業教育、清国通商綜覧、商品陳列所、卒業生貿易構造と商権（村上勝彦「産業革命初期の日中貿易——日清貿易研究所に関連して」『東京経大学会誌』No. 174、1992年）。また、村上は参謀本部の情報将校派遣に関して軍事面での検討も行っている（村上勝彦「隣邦軍事密偵と兵要地誌」前掲陸軍参謀本部編『朝鮮地誌略』）。

[36] このほか、籠谷直人はこの1880年代の「商権」問題を、華僑通商網の視点から読み解く。昆布会社（広業商会）を事例に、農商務省の産業政策に呼応した同業組合の設立と小生産者の組織化を前提として、当時存在した華僑通商網からの離脱が「商権奪取」の議論の背後に存在したとする。そして、直輸出率の向上を狙ったため、華僑商人との競合は希薄で対抗に伴う摩擦は少なかったとし、①内外市場調査力の確保、②価格の動きに敏感に反応する小生産者への規制、③資本主義的工業化を主導する大阪商人層の投資参加、④日中貿易における信用網の形成といった、これらの条件整備が時代的に求められていたとする。籠谷が提示する問題は、同時代的な視点として荒尾の意見や日清貿易研究所の活動にも関連する（籠谷直人「アジア通商網と日本近代史研究」、同「華僑通商網への対抗と対アジア直輸出態勢の模索——昆布直輸出会社を事例に」『アジア国際通商秩序と近代日本』（緒論、第二章）名古屋大学出版会、2000年）。

[37] 角山栄編著『日本領事報告の研究』同文館、1986年。

摘のなかでは、情報収集機関として、①外務省・領事館、②農商務省、③陸軍省・陸軍参謀本部、加えて④日本商社や民間商人に分類されている。外務省では出先機関としての各地領事館で、自国民・自国船舶の保護、通商貿易活動の促進、駐在地での輸出関連商品・輸出入品の価格調査、変動、品評、消費者の嗜好、船舶の出入状況の「情報」を、その報告書となる『領事報告』に記録した。対外面での直輸出政策や国内の「殖産興業」に関しては、農商務省側の『農工商公報』『農商務省報告』のなかに当時の認識や意見が現れる。農商務省でも国内各港の輸出入品情報や船舶の出入情報が外務省と連動するのは言うまでもなく、港湾規則、品目税関リスト、農工商関係の諸規則、法令・慣習の整備、為替相場、金銀貨変動、博覧会、労働争議、流行病、といった「情報」が集積されていた。

また、陸軍の情報収集活動については、近年軍事史上から検証が重ねられてきている[38]。陸軍省では公使館附武官制度のもと、1873年に8名の派遣将校を決定する。1878年に参謀本部が設置され、桂太郎（中佐）が参謀本部管西局初代局長として清国担当になると将校の組織的な清国派出を進めていった。しかし、いわゆる松方財政による緊縮財政政策が参謀本部にも及ぶと、1884年の4月に予算削減が決定され、以降、将校の清国派出は欠員状態となり、荒尾の渡清時は対清情報収集活動も下火となっていた。

すでにここまで列挙した諸研究で明らかなように、荒尾らが漢口で活動した時期は、領事が設置されて間もなく、進出拠点としての基礎情報は不足していた。荒尾は参謀本部による情報収集の使命を帯びて漢口へ赴任して以後、漢口領事であった町田実一との協力関係を通じて、領事制度の「情報収集」体制の一角を請け負う形で、現場の「志士」を統率して「情報収集」活動を展開した。同時期において漢口以外の地域を見渡せば、荒尾た

---

[38] 70年代以降、佐藤三郎以外に陸軍参謀本部の対清情報収集活動について述べている。前掲佐藤三郎「日清戦争以前における日中両国の相互国情偵察について——近代日中交渉史上の一齣として」、前掲村上勝彦「隣邦軍事密偵と兵要地誌」、小林一美「明治期日本参謀本部の対外諜報活動」『義和団と明治国家』（増補版）汲古書院、2008年（初版1986年）、関誠「日清戦争以前の日本陸軍参謀本部の情報活動と軍事的対外認識」日本国際政治学会編『国際政治』第154号（近現代の日本外交と強制力）2008年12月、同『日清開戦前夜における日本のインテリジェンス——明治前期の軍事情報活動と外交政策』ミネルヴァ書房、2016年、157頁。

「日清貿易研究所」研究の整理と課題

ち以外にも①〜④までの存在が「市場調査」活動を積極的に展開しており、そのなかで軍人出身（③）であった荒尾は「兵要地誌」にもとづく地理的視点から情報収集活動を開始した。しかし、荒尾が現地へと赴くなかで岸田吟香（④）や漢口領事町田実一（①）といった人物と邂逅したことから、自らの行動規範を越えて貿易活動を視野に含めた行動へとシフトしていった。そして通商貿易に必要であった言語習得や外地慣習といった実務情報は、現地における活動のなかで認識が刻々と変化する「情報」でもあった。こうした状況が経済史や軍事史の視点から明らかにされている。

しかしながら、上記の領事制度と参謀本部による両者の視点は、それぞれの問題意識から視点を述べているものであり、各々の組織としての活動実態が把握できる反面、必ずしも同時期の日本全体の「情報収集」活動において俯瞰的な視点を形成するには及んでいない。また、同時代的視点を見通す上で有用であるが、日清貿易研究所に対する評価を述べているわけではなく、両者の研究において各論点を評価する一要素にすぎない。とはいえ、史料状況からは荒尾の言説には限界があるため、こうした研究成果による客観的条件を参照し整理しながら、丹念に外堀を埋める作業が必要となる。

また、軍事史的側面から「情報史」研究と連動して、「インテリジェンス」に関する指摘がなされている。情報史研究からは、戦前の日本がどのような情報収集を行っていたのか、学術研究が乏しく、終戦時の情報破棄や戦後の許容されてこなかった風潮のなかで、個人的な範囲で回想録や記録を残すことしかできなかったことが指摘されている[39]。

---

39 情報収集の種類として、人的情報（ヒューミント）、通信情報（シギント）、画像情報（イミント）、公開情報（オミント）、テレメトリー情報（テリント）、電子情報（エリント）が分類されているが、1880年代には人的情報が主たる時代であった（小谷賢『日本軍のインテリジェンス――なぜ情報が活かされないのか』講談社選書メチエ、2007年）。また近年、戦後に軍事史と連動した植民地史の立場から、戦前からの学問継承を見直し、植民地や帝国で形成された「認識空間」への再検討を行うものとして、岩波講座シリーズの『「帝国」日本の学知』が出版されている。特に第6巻の「地域研究としてのアジア」は、外務省や満鉄、教育機関や諸団体の様々な調査を項目として立て、「情報収集」を理解する上で示唆的な視点を提示している。このなかで末廣昭は、「調査研究」を、①文献調査・資料収集、②物産・兵用地誌調査、③旧慣・慣行調査、④市場・経済事情調査、⑤経済計画立案のための調査、⑥華僑・華人調査、の六つに分類している。①〜⑥は楽善堂から書院の活動まで関連する事項であろう（末廣昭「他者理解としての『学知』と『調査』」末廣昭編『地域研究としての

情報史研究の視線の先に、荒尾精らの日清貿易研究所の活動が位置づけられているのは、1880年代の同時代における情報収集活動の諸端として、荒尾たちの活動が軍事的側面において連動して位置づけられてきたからでもある。荒尾らの情報収集活動は、一面的な軍事的情報収集活動の諸端と位置づけるよりは、1880年代当時において必要とされていた様々な「情報」のなかでの、複合的な情報収集のひとつであったとみるべきであろう。情報史研究の視点を借用すれば、通信情報（電信インフラ）や通信手段が限定されていた時代において、人物（ヒューミント）そのものが情報拠点であり、各個人に集約される「情報」は、人的紐帯を介して「情報ネットワーク」を形成し、実践的シンクタンク団体を設置したことも考えられる。

　こうした国家機関や軍事とのかねあいから経済史や軍事史あるいは情報史の視点を通じて「情報収集」をめぐる議論へ至ったのに対して、1990年代に至ると藤田佳久が地理学的視点から、書院の「教育」の実態活動を視野に収めて分析が進められた。藤田は上述した経済史や軍事史あるいは情報史の視点とは別に、書院の教育の一環として行われた「旅行調査」に着目する。さらにその史料を俯瞰した上で書院との連続性において日清貿易研究所を「ビジネススクール」として教育の独自性を強調している。藤田の視点は、「情報収集」活動のなかにおける「国家」との関与から離れ、書院の活動を軸として描き出そうとしている[40]。また、近年においては石

アジア』（岩波講座：「帝国日本の学知」第6巻、序章）、岩波書店、2006年）。

[40] 藤田は上述してきた研究のすべてを必ずしも相対化して述べているわけではなく、自身の評価する視点の内に置かれており、自身が愛知大学に身を置くなかで、書院生の記述した『旅行誌』を分析しつつ教育活動の実測面として再評価しようとする。一連のものとして、藤田佳久『中国との出会い』東亜同文書院・中国調査旅行記録第1巻、愛知大学、1994年、同著『中国を歩く』東亜同文書院・中国調査旅行記録第2巻、愛知大学、1995年、同著『中国を越えて』東亜同文書院・中国調査旅行記録第3巻、愛知大学、1998年、同著『中国を記録する』東亜同文書院・中国調査旅行記録第4巻、愛知大学、2002年、同著『満州を駆ける』東亜同文書院・中国調査旅行記録第5巻、愛知大学、2001年、がある。これら著書から、同著『東亜同文書院中国大調査旅行の研究』大明堂、2000年、同著『東亜同文書院生が記録した近代中国の地域像』ナカニシヤ出版、2011年、を刊行している。また藤田の分析視点にもとづく史料として、『東亜同文書院大旅行誌』オンデマンド版、愛知大学、2006年、が印影刊行されている。近年、藤田の視野を相対化する試みとして、加納寛編『書院生、アジアを行く――東亜同文書院生が見た20世紀前半のアジア』あるむ、2017年。これらは東亜同文書院をめぐる評価であり、日清貿易研究所を連続して記述するなかで評価している。

田が藤田の評価を受けて、書院の教育活動に着眼し再評価しようとしている。石田は書院で扱われた「教科書」を取り上げ、日清貿易研究所と書院の教育面における連続性を分析している。石田の視線は六角らや1970年代における視点の先を拡げ、教育の内面から分析して「情報機関」との差異を強調している[41]。

おわりに

　以上、ここまで諸研究を概括してきたが、最後にまとめを述べて終えたい。

　戦後、日清貿易研究所をめぐる評価は、書院の前提を語る上で連続的に位置づけられてきた。その評価の連続性は、1960年代に「スパイ」蔑視のような視点に現れるように、「情報収集」活動のあり方をめぐる評価が介在していた。それは情報収集活動や人材育成のあり方に対して、六角が国家に限りなく近い立場での「実用性」を意図したとし、あるいは野間が「軍事的・謀略的グループ」とした一方で、書院関係者が中心人物たちを「偉人像」として描こうとした記述のなかに現れている。また、そうした戦後のイデオロギー的残滓のなかで、教育史や軍事史のそれぞれ別々の視点から書院を基軸にしてひとつのエピソードとして語られたのが戦後における研究のスタート地点であった。

　これら視点の背後には、楽善堂や日清貿易研究所、書院が関与した日本の調査活動に対する疑義が存在したことから、「国家のために積極的に戦争協力した」と指摘するような「一般的風潮」が存在したことも読みとれる。1960年代に開始された研究には、こうした「国家」や「軍」といった検証要素が念頭に置かれて評価されたと同時に、その分析視点が内外の

41　石田卓生「日清貿易研究所・東亜同文書院の教育と卒業生の事例的研究——高橋正二（研究所卒）・坂本義孝（書院第1期）・大内隆雄（書院第25期）の卒業後の軌跡」『同文書院記念報』25・別冊2、愛知大学東亜同文書院大学記念センター、2017年1月、同著「日清貿易研究所の教育について——高橋正二手記を手がかりにして」『現代中国』第90号、2016年6月。石田以外にも、木村明史「日清貿易研究所創立期の教育構想」『総合歴史教育』第51号、2017年3月、同「日清貿易研究所における初年度の生徒の動向——生徒退学と『上海新報』廃刊言説に着目して」『アジア教育史研究』No.26、2017年3月がある。

視線に対する暗黙の忌避とともに脱落していったため、後の評価には不連続が生じていった。

　こうした1960年代に検証された視点をもとに、あらためて日清貿易研究所の情報収集活動が、軍や国家と確実に結びついて「謀略的」手段を導いたのかどうか、あるいは「スパイ」であったかどうかということを検証することは現今にいたって建設的な議論であるとは言えない。

　議論が観念的価値観を帯びて検証されてきたとはいえ、研究が進展するにつれて、戦前の国際環境や対外政策、諸団体との関係性や人脈整理といった作業が重ねられ、「情報収集活動」の実態や「調査の質」に議論が及ぶようになると、視点の先が、一面的な評価ではなく教育や貿易活動といった実態を追う方向に向けられていった。

　1970年代には政治史の分析視点を軸に彼らがいかなる存在なのか、団体としての属性や活動の主体者に議論が展開していった。それは観念的な「志士」としての存在から、貿易活動に従事した実践団体とするまで幅広く役割が検証されていった。しかし、どの点にどう影響したのか、何にどう「貢献」を果たしたのか、その歴史的「役割」に対する評価はゆらぎながら、「対清認識」のありかたに議論が進んでいった。

　それは、政治史の視点からは、荒尾のアジア認識や対清認識を軸として「商権奪回論」を述べるのに対し、経済史の視点からは、貿易構造や時の「経済報告書」から「商権」問題を指摘しようとしたことに現れている。そうした視点のなかでは、政治・経済それぞれの両側面から議論されてきた問題が捨象されてしまっている。翟新の著作は研究上のひとつの達成点ではあるが、同著作のなかでの日清貿易研究所に対する指摘には、同時代的な経済的側面の実態が希薄であるし、一方で経済史の側面から描いた各論者の視点には、政治的要素を含んだ視点が後退してしまっている。ここで指摘しておきたいのは両側面の指摘における正誤を判定することではなく、国家あるいは地域の利益誘導主義的な「対抗」の視点と、両者の「共存」・「協働」を唱導するような提携主義的視点が、日清貿易研究所の活動に現れていたことである。

　こうした研究視点のなかで、日清貿易研究所をめぐる評価は国家の政略的判断を視点に置く場合、政府要人や軍との関係性が指摘され、経済活動

の自立性を視点に置く場合、個人の先見性や集団としての独自性が強調され、あるいはその狭間に立つ視点として、各々の分野における諸条件を参照しながら研究が進められている。近年に至って、新たに研究視点は拡大しているが[42]、上述してきた内容をふまえて再度検証を重ねていくには、ここまで述べてきた諸研究をベースにして、以下の視点を検証要素として考察を進めてゆく必要がある。

　第一に情報収集活動の位置づけとして、「志士」個人や機関・団体の属性がいかなる存在であったのかという視点以上に、ここまで明らかにされた活動状況をふまえ、「情報」の内面に目を向け、情報そのものの質をいま一度捉え直す必要がある。活動原点の荒尾精が軍人出身であったこと、軍事的「兵要地誌」のような調査手法をもとに対清対露情勢の危機を想定して新疆方面へ情報収集活動を展開しようとしたこと、日清貿易研究所設立に際して政府高官への説得によって資金提供がなされたこと、また、人材育成の成果が日清戦争の従軍通訳に吸収されてしまったことが評価をめぐる基準値となって各々の記述に現れるが、当然、国家や軍への関与のみがその団体や個人の「性質」を決定するわけではない。しかし、「国家」的要素が関連することも事実である。一方で楽善堂や日清貿易研究所での活動実態は史料的制約があるが、しかし、時代的な役割や性質を考えた場合に、時代背景や周辺状況をふまえた分析を深めていくことは強調して言うまでもない。

　第二に、対外的認識をめぐる問題について、政治、軍事、経済の一側面

42　近年に至っては地域史的視点とも相まって日清貿易研究所の卒業生にも視点が及んでいる。ひとまず、すでに1980年代に卒業生を扱ったものとして、瀬岡誠「江商の企業者史的研究──藤井善助の社会化の過程」『彦根論叢』第258・259号、滋賀大学経済学部、1989年9月、中村義『白岩龍平日記──アジア主義実業家の生涯』研文出版、1999年。岡山・閑谷では同郷出身者として以下のものがある。村上節子「河本磯平の生涯」『閑谷学校研究』第9号、特別史跡旧閑谷学校顕彰保存会、2005年5月。土屋洋「閑谷学校から日清貿易研究所へ──福原林平とその日記『随感随録』等について」（特集：もう一つの「学都」岡山の物語──閑谷学校を中心とする近代東アジアネットワークの研究）『文化共生学研究』第16号、岡山大学大学院文化科学研究科、2017年。また九州・直方では向野堅一の活動が検証されている。代表的な論考として、向野康江「日清貿易研究所における学生生活──向野堅一の兄たちの書簡を手掛かりに」『アジア教育史研究』第23号、2014年3月、同著「日清商品陳列所の実修機能──向野堅一宛書簡に見る卒業生の苦闘」『アジア教育史研究』第25号、2016年3月、などがある。また、愛知大学では、前掲石田卓生「日清貿易研究所の教育について──高橋正二手記を手がかりにして」。

の分野から論じるには限界がある。日清貿易研究所の設立過程で荒尾が主張した日清貿易商会構想は経営難などの限られた状況で開始するが、その背景には、同時代的な時事問題とも言える「商権」問題(商権獲得、商権奪還、商権回復)が指摘されている。この商権問題のなかには、国際的経済的「対抗」あるいは「提携」の意識とあわせて、内地雑居や清国商人に対する「認識」の問題として現れる。そこには日本内地の「地域」的な利害関係にもとづく対外的認識像が介在する。それは二国間(多国間)関係にもとづく国際情勢を分析しようとした対外認識の視線から、地域間(神戸、大阪、長崎、漢口)での現実的利害関係にもとづく視線、あるいは両側面の視線まで、複合的に混在しながら主張に現れる。彼らの行動や主張にもとづく「認識」を分析するには、外務省や農商務省あるいは地域の商工団体が「商権」問題に対処する中で、地域的利害を汲み取ろうとした視線が存在しており、これらの点と比較してより正確に認識像を深める必要がある。

　第三に、書院への記述の連続性の問題である。書院設置に至るまで、自らの「役割」や「認識」を時勢にあわせて変化させている。彼らの活動全体を見すえた場合、政治、軍事、経済といった各分野の視点が、その時その都度に応じて、国家間あるいは地域間の時代的条件に左右されながら現れる。荒尾の死後、腹心の根津一が「根津精神」とともに周囲の人材をつなぎとめ、近衛篤麿が「人種論」をもとに、より広範に世論に訴え出ようとした。彼らの人的紐帯にもとづいた人脈整理や思想性を分析することはもとより、組織としての連続と非連続があわせて分析されなければならない。一例として課題を挙げれば「人材育成」の質を判断する教育機関としての役割を考える場合、その教育成果としての『清国通商綜覧』には、当時の日中貿易における現場の必要情報が現れる。また、後の書院に教師として登場する根岸佶は華僑研究に目を向ける。こうした点は、情報収集の質や対外認識の視点だけでは「連続性」を読み解けない。この点を分析する場合、時代を経るにつれ、政治的、経済的役割が、時代的変化とともに付与されたことが考えられるが、どの点がどう引き継がれ、何が連続しあるいは連続していないのか、それらの位相を読み解くことで、時代に沿った評価を位置づけることが可能になると考える。

講演

北米に於ける極東アジア学科とその資料
――東亜同文書院との私的出会い

仁木賢司

〔解説〕

　仁木賢司氏は、本文中でも述べられているように、コロンビア大学・ミシガン大学でながらく司書（Librarian）を務められ、とりわけ、アジア関係の文献収集整理に尽力されてきた。コロンビア大学・ミシガン大学いずれも現在アメリカのアジア研究を代表する大学であるが、それは豊富な資料を蔵していることに裏付けられている。コロンビア大学の C.V. Starr East Asian Library は、ハーヴァード大学の Yenching Institute などとならぶ質量ともに充実したアジア研究図書館であり、日本語・中国語・韓国語など70万冊近くを蔵している。また、ミシガン大学でも Asia Library が同様の質と量を誇っている。そのいずれもが、仁木賢司氏が中心となって整備されたのである。仁木氏が、そうしたライブラリアンとしての活動をアメリカで展開する中で、東亜同文書院に逢着していったのである。本センターとの関係も、20年近くになる。

コロンビア大学図書館

* * *

　私は、愛知大学とはこれまで非常に密接な関係を保ちながら、2011年5月末日をもって、ミシガン大学をリタイアいたしました。その後、テキサス州州都であるオースティン市の南にあります小さな鄙びた田舎町に、妻と二人で住んでおりました。リタイア以来、しばらくは図書館とか資料とか、そういうものは、全く私の生活の中にはありませんでした。リタイア後の生活の中心は、ハイビスカスをどのように育てるかとか、ブーゲンビリアを庭いっぱい育てるにはどうしたらいいかとか。そして、このあたりはメキシコ系の方が多いものですから、食べられるサボテンはどんな種類なのかとか、どういうふうにクッキングすれば良いのかとか、そういうことにものすごく意識が集中していました。ところが、愛知大学東亜同文書院大学記念センターから要請を受けました。それは、アメリカのアジア研究と東亜同文書院について話をしてほしいとのことでした。私としては、リタイアしておりましたし、途惑いました。また、左の眼が極端に悪くなってしまっておりました。こういう状態になってしまうと、私の生活の中に"読む"という行為がどれほど大切であったか、しみじみ思うようになっています。"読む"事は快楽なり」と自分を鼓舞して過ごした学生時代、そして仕事として資料の渉猟をするようになって35年、読み続けました。この快楽から見放されてしまいました。でもこんどは、眼を使わずに耳で聞こうと、少しずつ訓練をしています。さて、前置きはそこまでと致しましょう。

1　東亜同文書院に出会うまで

　私、今日はいろいろなことが頭の中に去来しております。東亜同文書院にかかわる愛知大学との関係、私が日本語資料の司書として生活した30幾年のアメリカでの生活、人生の半分以上をそこで過ごしたわけですし、その結果自分ではどうにもならない事実なのですが、アメリカに行く前に持っていたはずの日本的発想が変化してしまったり、さらに私が使用する

日本語自体がやはり少しおかしくなっている等々に、それは表れております。

　私が、なぜ東亜同文書院と関わり合いを持つに到ったかということを、まず最初に述べたいと思います。

　私は、ライブラリアンなどとは全く関係のない世界から、この世界に飛び込みました。というのは、私は上智大学文学部哲学科におりまして、そこでスコラ哲学を4年間やっておりました。卒業後はやはり上智大学の神学部に学士入学し、そこに1年半おりましたが、そこを中途退学してしまいました。カトリックの司祭を目指して神学をやっていたのですが、途中で挫折というのか、追い出されたというのか、ともかくそこを出ることになってしまったのです。そうした傷心のまま、外国の大学の留学生奨学金テストを受けたら合格いたしました。そこはメキシコ国立自治大学でした。1年間スペイン語を学習いたしました。そして日本へ帰国する途中、ロサンジェルスに立ち寄り、4カ月間英語を勉強して帰国し、何の目的もないまま普通のビジネスマンになりました。そこで4年が過ぎたころ、上智でお世話になった先生を訪ねて行きました。どうにも、アカデミズムの世界への思いが断ち切れなかったのです。そうしましたら、先生は、もし私が勧めるところにいくならば推薦状を書いてもよい、と仰いました。それは、一つはスペインのサラマンカ大学、もう一つはイリノイ大学。そしてもう一つが、上智のキャンパスの掲示板に載っていましたセント・ジョーンズ・ユニバーシティ・イン・ニューヨークでした。そのころ、私はもう成人して社会に出ておりましたし、しょっちゅうお酒を飲んでいるような人間ですので、サラマンカなどというスペインの片田舎に行ってしまうと、授業料は無料かも知れませんが、何の仕事もなさそうです。さあどうする、どうやって生活するか。貯金はすぐに底をついてしまうだろうし、これではだめだと思いました。でも、本当に行きたかったのはサラマンカ大学だったのです。しかし先生は、イリノイ大学のマスターに入れと仰るのです。しかも、それはイベロ・アメリカ・スタディといって、スペイン語を主体にした勉強です。しかも、私にとってイリノイとは、とんでもない田舎のように思えました。イリノイ大学といえば、これは麦畑の中にあるんじゃなかろうかと思ったほどです。ですから私は、そんなところではとても生

きていけないと、大げさですが真剣に悩みました。その結果、やはり赤提灯の灯がちらちらとあって、繁華街があって、摩天楼があってということで、ニューヨークを選んだのです。私はニューヨークのセント・ジョーンズ・ユニバーシティのアジア学の方に、その時は全く目的もなく、奨学金を頂戴したのですが、どんな大学かもよくわからずに行きました。結果的には、それは俗に言うエイジアン・スタディーズ、つまりアジア学の大学院に入ったわけでした。

セント・ジョーンズでは、周りには日本人は居ません。そして、耳にするのは中国語ばかりなのです。結局、後から分かったことなのですが、その中国語を話す学生さんたちは、みんな台湾国民党推薦の学生さんでした。その頃、要するに留学生というのは、台湾からしか受け入れられていなかったのです。中華人民共和国からの留学生は、1977年当時のアメリカには希有な存在であったと思います。従って、まるで呼吸するように自然に、台湾の国民党からの学生さんたちと一緒の政治の世界の中を生きていたように思います。とはいえ、彼らはとても親切で、私はずいぶんと楽しい思いをいたしました。そして、1年半で修士学位を取りました。考えてみますと、その時に生まれて初めて東洋を勉強しようということを決心したのですが、その理由というのはつぎのようなものでした。自分自身がカトリックとして、上智大学の文学部哲学科でスコラ哲学を4年間学んで卒業したこと、そしてラテン語を中心に勉強して、神学に入るというお決まりのコースをたどってきたのですが、それら全てがヨーロッパ主体の勉強だったことにあると思えたのです。その時、私には最終的に何かが欠けているのではないか、と思わずにはいられませんでした。では、何が欠けてるのか。それはやはり、自分も日本人であり、儒教の影響を受けた、あるいは仏教の影響を受けた、あるいは神道イズムの影響を受けて、成長してきた自分だからこそ、そうしたものから自由ではないのではないだろうか。物事を判断するときに、それらから受ける意識無意識での支配を撥ねのけることは、決してできないのではないか。それなら、どうしたらよいのだろうか、ということに思い至った訳です。そして、自分はこの西洋古典古代風な、ヘレニズム的な世界から飛び出して、東洋を勉強した方が良いのではないか、というふうに自分で得心した訳です。そこで、そのエイジアン・スタ

ディーズのコースに足を踏み入れたのですが、内心ではどうしても哲学を続けたくてなりませんでした。早くこの修士課程を了えて、できればPh.D. に入りたいと思っていたのです。

　ところがどうしたことか、そのPh.D. に入る前に生活費が底をついてしまったのです。奨学生ですので授業料は不要なのですが、生きるためには必要に迫られて、いろいろなことをやらなくてはなりませんでした。家庭教師をやったり、その外にも日本語補習校の教師を5年やることになりました。そして、最終的に大学の図書館長に呼ばれたのです。君は、まず生活の基盤を作ることが第一、その後にPh.D. に行きなさい、との助言を戴きました。そこで私は、ライブラリ・スクールに入りました。ライブラリ・スクールは、日本とアメリカとでは、社会的意味合いが全く違います。アメリカでは、どのような形であれ、ライブラリアンとして就職するには資格が必要です。その資格とは、Master of Library Science の修士号なのです。それがなければ、ライブラリアンにはなれません。それ以上にPh.D. を持った人がたくさんその分野に入って来ます。そして彼らは、Ph.D. に加えて修士学位でもLibrary Science を持っています。私はその学位を取得した後、ほぼ同時にグリーンカードを取りました。そしてコロンビア大学にCataloger（分類官）として、入ったという訳です。

　その後、コロンビア大学で私を厳しく訓練してくれた日本人の女性が異動で昇進することになり、後任に私を据えてくれました。具体的には、Curator of Japanese Collection というキュレーターの仕事を与えてくれた訳です。そこで勢い、私は自分の仕事の範疇が、機械的に分類をするところからレファレンス、参考文献資料、そして、その学部・学科とのコンタクトという形に移り変わったのです。そして同時に、コレクション（資料）を自分が選んでいくという形になりました

　ここで、当時の全米の東アジア・コレクションとは一体どういったものだったのか、説明しておきましょう。アメリカでは、東海岸のアイビーリーグを中心とした諸大学、主にハーヴァード・イェール・コロンビア・プリンストン・コーネルならびに首都ワシントンD.C. にあります米国議会図書館（Library of Congress）等が日本語・中国語・朝鮮語の資料の収集をしていました。そしてそれぞれの大学がおおざっぱに言って、年平均30万ド

ルを下らない資金をそれに投入していました。私も一人で3500万円を日本語書籍の購入に充てていました。1985年当時、私が1年間に買った日本語の本は、総額は30万ドルになりました。これは日本ではとても考えられないほど、巨額です。私はそのように資料収集の仕事を専門にやり始めたのです。しかし頭の中では、どうしても自分がマスターを取った時にとても楽しい思いをした中国の勉強を忘れることはできませんでした。それと同時に、どうして日本語資料は日本に関するものだけ、中国語は中国に関するものだけを収集するのだろうか、といつも思っていました。

コロンビア大学のイーストエイジアン・ライブラリでは、私が日本語文献の収集レファレンスをやり、その他に日本語資料を分類する人、またそれに先立つ段階でスタッフとして普通の事務官としての仕事をする人と5人くらいの日本人の職員がおります。それが中国になると6～7人いるのです。そして、韓国は2人くらいはいます。学生の補助もつきます。ということは、アジア関係の一カ所だけで職員が最低でも2～3名いることになります。ハーヴァード大学ではアジア関係だけで45名のフルタイムの職員を抱えているのです。これは、本当にどうやってその財源を確保しているのだろうか、と思えるほど不思議でした。

2　東亜同文書院との出会い

　私は小さな学校のアジア学を出たのですが、どう考えても、実際に中国の人たちと触れ合って肌で感じたものこそが、歴史の学問研究に必要なのではないかと考えていました。大学院では私は中国現代史を主にやったのですが、そのときに東亜同文書院という貴重な存在を知りました。それ以来、限られた資料で自分なりに渉猟し始め、その同文書院の存在なしには中国近現代史、ことに日中関係の歴史は考えられないのではないかと考える様になりました。コロンビア大学に転職してそこの書庫で、東亜同文書院の古い書物を目にしたのですが、ほんの少ししかありませんでした。そうした時に、一度でいいから行ってみたいと思ったのが、この愛知大学です。それで私は、日本に来られたならば、何とかして時間を作り、豊橋に立ち寄りたいものだと思うようになりました。

9年半、コロンビア大学に勤めました。それで最終にもう一度、母校セント・ジョーンズ大学にコレクションのヘッドとして帰りました。中国・日本・韓国のヘッドとして私が帰り、専門書を買い始めたときに、予算の何と少なかったことか。ほとんどの資金を中国語で書かれたものに充てるしか、方法がありませんでした。その大学のアジア学部は、中国系の学生が主流でしたから、そうせざるを得なかったのです。日本のものは高額過ぎました。それは、大きな組織の大学と小さな組織の違いという、大学の悲しい現実なんです。私はそこで7年を過ごして、テニュアを取りました。アソシエイト・プロフェッサーとしてのテニュアで、日本語と日本文化に関する大学院の夜間の授業を担当しました。それは大学図書館とは全く無関係に依頼を受けたものでした。その後ミシガン大学から招聘され、そこに異動して約11年仕事をして、リタイアしたという訳です。

　これが私の経歴です。私の頭の中にはヨーロッパ文化とアジア文化がやはり混ざっています。ですから、非常に変な人間ではないかと自分では感じています。ともあれ、東亜同文書院関係の資料収集に本格的に取り組み始めたのは、ミシガン大学に移ってからのことです。それで私は、初めてここへお邪魔しまして、あの古い建物の中にあります記念館の展示を見たとき、私は本当に度胆を抜かれました。というのは、孫文とか孫文に関わる宮崎滔天とか、そういった人たちの揮毫やら作品・資料などが、まるで当たり前のように置かれているではありませんか。これには随分と驚きました。そこで、私はそのことを藤田先生にお訊ねしました。こういったものがここにあるということを、例えば台湾の国民党の人たちはご存じなんでしょうか、と。すると、さあどうでしょうか、と仰ったのです。私は、それまでに台湾の国民党のことを調べて来ましたから、そんなことはなかろうと思ったのです。ミシガン大学では、中国研究センターや日本研究センターはかなり大規模なものです。そういうところに集まってくる東洋人は、中国系の人が一番多いのです。それで、あなたたち中国大陸から来た人は国民党の資料についてどのように考えているのかと聞くと、そんなものはとっくに全部研究済みだというのです。私はそんな言い方は、本当に無知の成せる業だ、日本にはもっとたくさん国民党関係の資料があるし、最も鍵になるものもあるというようなことを、しばしば説明するようにな

りました。そういう形で私は、東亜同文書院と関わりを持つようになり、そこで愛知大学の図書館にお邪魔して、目の当たりにその東亜同文書院の大旅行史とか、雑誌の束とかを見せていただき、何とすごい知の集積なのかと思うようになりました。

　この東亜同文書院というすばらしい存在を知ったおかげで、Curator of Japanese Collection という「日本キュレーター」の名前で働きながら、日本と中国との関係史を見渡し、私の予算で買えるものは積極的に収集しました。予算の制約がきつい場合は、日本財団が北アメリカで展開している Association for Asian Studies 向けに作り上げた一つのプロジェクトの中にある全巻セット購入の場合のみの補助金プロジェクトを利用しました。それは、１セットが数十万円から数百万円する資料の購入に際しての補助金獲得の申請書を提出し、委員会の賛同が得られた場合、全額もしくは部分的な補助金が得られる基金制度です。そうやって、東亜同文書院に関する資料やマイクロ資料を収集しました。その時、他の大学からも同じ資料購入の希望が出される場合があります。そうなるとコンペになります。ハーヴァードやシカゴ、イェールとかの人たちと喧嘩しながら、とにかく私のところで研究すればほかにいろんなものが見られるのだから、研究したい人はここへ来ればいいじゃないか、というようにして、どんどん同文書院関連の資料を集めました。当時、あと一歩というところで、UCLA に１つ持っていかれたことがあります。でも、私はどんな場合であれ、東亜同文書院の膨大な知の集積が１つあるいは２つ全米中にあれば、皆さんがそれを使えばよいのだ、と考えるようになりました。私がライブラリアンとしてコロンビア大学で鍛えられた時に、それこそレイノルズ先生が仰る "Think out of the box" というその考え方を植え付けられたのです。それは、もはやコロンビア大学のライブラリーだとかミシガン大学のライブラリーだとか、そんなつまらないことを考えるような時代ではない。これからは、アメリカ合衆国そのものを一つの書庫と考えよ、いうことです。これは我ながら、非常に大きな衝撃でした。そこで、私はそれを心に決めました。どれほど高価なものであれ、１つでもそれがアメリカにあれば、それを使うことができるのではないか。例えば、全米を網羅するシステムの中に、Inter Library lawn というのがあります。他大学などに依頼すれば、その文

献を送ってくれるというものです。例えばコロンビア大学から送ってほしいと言われれば、それを送ります。そして、当然ですがきちんと責任を持って返却するというシステムです。ですから、各大学の書庫には限界があるとはいえ、全米を一つの書庫と考えれば、これこそ本当のグローバリゼーションの知の共用になるわけです。

　そういう意味で、私は東亜同文書院と向かい合うことになりました。しかし、私は「教える」という立場ではなく、研究者をサポートをしていくことが任務です。知識は研究者とは異なり、「広く浅く」が求められます。従いまして、東亜同文書院のものはこれ、その他に南方熊楠のものはこれというようにして、自分ができる時間内にやれるのは、本当に限られた範囲でしかありません。それを一生懸命に37年間やってきた訳です。ですから、研究という仕事とは離れて仕事をしてきた私のようなアウトローのような者がここに招かれるというのは、身に余る名誉、過ぎたる栄誉と感じております。

3　アメリカのアジア学

　さて、ここまでは東亜同文書院を中心に据えて述べて参りましたが、ここでアメリカ全体のアジア学に関する状況に触れておきたいと思います。その中でも、日本学についてお話ししたいと思います。なぜかと申しますと、先程レイノルズ先生が仰った、エリアスタディ、つまり地域研究の中で日本研究がどこから始まってきたか、ということです。

　一番最初に日本学に特化した研究センターを設けたのは、ミシガン大学です。その次にハーヴァード大学が日本研究センターを作り、次いでコロンビア大学が設置しました。従って、このミシガン大学の Center for Japanese Studies は、すでに60年以上の歴史を刻んでいることになります。私はそのセンターに属している教授の皆さんあるいは大学院生の皆さんと、常にコンタクトを取りながら、資料収集の仕事をやったりリファレンスの仕事をやったりしてまいりました。1930年代に、すでに日本語・日本研究センターができていたのです。それでは、なぜ第二次大戦前にそんなものができたのでしょうか。そこにはアメリカの非常に大きな深謀遠慮

がありました。日本と戦争をすると決めた時に、アメリカ政府は2つの日本語学校を設置しました。一つはカリフォルニアのモントレーに置かれた海軍の日本語学校です。そこは大変有名なところで、今をときめくアメリカ人の日本学研究者の多くがそこで訓練を受けた卒業生です。例えば、先頃、日本に帰化されたドナルド・キーンや、すでに亡くなられたサイデンステッカーがおります。このお二人は日本文学研究の巨匠です。その他に政治学のジェイムス・モーレイ、中国に専門を移したテオドル・ド・バリー。そうした人たちはみんな同時期にコロンビア大学で日本語を勉強して、それからその秘密の学校に送られたわけです。カリフォルニアで、さらに日本語をやるのです。その後輩にあたるのがジェラルド・カーティスとかヘンリー・スミス、キャロル・グラッグなど、そういう人たちがもうわんさわんさとコロンビア大学にひしめくことになります。ですから、日本研究の拠点はコロンビア大学だと思います。そこには、莫大な資力を背景に本当にいいものを世に送り出そうとする姿勢がありました。ミシガン大学は州立ですので、州の予算で運営されている公立の大学です。資力はありますが、先生たちはまだまだ若い方が多い時代でした。そして、海軍の日本語学校出身者が戦後に学問の世界に入り、一流になられた訳です。

　一方、陸軍も日本語学校を設けましたが、それはミシガン大学の中に置かれました。ミシガン州のアン・アーバー市です。そのような形で、アメリカには2つの秘密の日本語学校が戦前から運営されていました。陸軍の方の場合ですと、ミシガン大学のCenter for Japanese Studiesの基礎を作られた方は、地理学のロバート・バーネット・ホール先生でした。ホール先生は、日本とは全く関係を持たない、しかし非常に有名な地理学の先生でした。その地理学の先生が、いずれこの地理学というのは、それぞれの地域地方に実際に行って、そこで勉強していかなければいけないのである、というようなことを仰っておいででした。

　戦後、その考えが実を結び、初めは全く日本と関係なかったその先生が、日本にミシガン大学の学部を作ってしまったのです。岡山市に、戦後まもなくミシガン大学のCenter for Japanese Studiesのオフィスを置き、そこに学生をアメリカから派遣しました。そして、そこを拠点に日本全国を回ったのです。これはもう、東亜同文書院の「大旅行」のような形でした。地

理や産業、文化について、日本在住の日本人と一緒に日本語で付き合い、勉強するというものでした。これがミシガン大学岡山分校です。ミシガン大学岡山分校は、1947年に設置され、1950年、岡山市に現地分室が開かれ、1955年まで存続していたのです。岡山県知事と交渉して岡山市内に学校を建て、学生を育てていったのです。そこの学生はやはり日本語が大変上手で、卒業後は、学問の方の世界に入った方が多くいます。私がセント・ジョーンズにいたとき、歴史の先生でおみえになった先生も、そこで日本語を学ばれたということでした。

　私が奉職しましたミシガン大学の昔の姿は、その一部は秘密裏に陸軍の日本語学校だったということです。そのため、1930年代の Ann Arbor Clonicle とか Ann Arbor News をデジタル化された資料で見てみますと、当時どのような日本語が教えられていたのか、手に取るように分かります。その後、アメリカ政府は、ミシガン大学があるだけのアン・アーバーという小さな町で日本語の使用を禁止しました。ミシガン大学はフォードやクライスラーといった巨大な企業があるデトロイトに隣接していますので、卒業生の多くは戦後はそういうところの幹部になっていったというケースが多い様です。そうしたものがアジア学の中での日本学の基礎として考えられると思います。

　こうした問題に関しては、他にもハーヴァード学派などについて全部述べなくてはいけませんが、時間の都合でとてもそんな余裕はありません。残念ながら話を先に進めたいと思います。私がこの東亜同文書院、そして愛知大学とこのような関係を持つようになりましてから、多くの機会を藤田先生から戴きました。従いまして、皆さんにお目にかかる機会も非常に多くありましたので、いろいろと考えるチャンスを得ました。先程からずっと聞いていますと、東亜同文書院の建学の精神は、これは日本では古来より流れて来ている政治の世界の中から見れば、やはり Think out of the box によって困難な中におかれている中国の復興に寄与する事がまず第一義だったと考えて差し支えないのではないかと思います。もしそういう意味で Institution を築き上げたならば、それが Out of the box だったということではないでしょうか。それならば、東亜同文書院と現在の愛知大学はどうなるのでしょうか。この点では、私は確信を持っております。愛知大学

は知の集積を持っているのです。それは同文書院の大旅行誌、様々なデータベース、『支那省別全誌』のデジタル化された全文データ、その他に東亜同文書院に関わる雑誌記事のデータベース等々です。これらを、大学内部に収蔵しているだけではいけません。海外では、それらは貴重そのものの資料ばかりです。私が言いたいことは、今こそboxを飛び出してほしい、ということです。これだけの素晴らしいものを作り上げた人がいたのに、どうしてなにか「押収物」のように内部に置いておかなくてはならないのでしょうか。みんなで一緒に使わなくてはならないものではないか、と私は思います。ですから、今日のお話のまとめとしては、資料の公開をこれからの構想として愛知大学に、東亜同文書院大学の後継大学として、世界中に知の電波を送って戴きたいものだと考えております。

　以上で、私の話を終わりに致したいと思います。

※仁木賢司氏は、現在は日本に帰国しておられます。

東亜同文書院・東亜同文会逐次刊行物解題

石田卓生

『東亜時論』
　　第1–26号
　　東京：東亜同文会
　　1898（明治31）年12月–1899（明治32）年12月
　　東亜同文会機関誌。1892（明治25）年4月、近衛篤麿が主宰する精神社（後に時論社と改称）の機関誌『精神』（後に『明治評論』『中外時論』『時論』と改題）として創刊される。1898（明治31）年6月、近衛が東アジア問題に取り組む同文会を結成すると、その機関誌とされた。同年11月、同文会が東亜会と合流して東亜同文会が組織されると、同文会機関誌『時論』を『東亜時論』と改め、東亜同文会機関誌として月2回発行された。
　　誌面は、「論説」欄、同会関係者による現地からの報告である「通信」欄、ビジネス・ニュースを扱う「通商貿易」欄、アジアに限らず欧米諸国のニュースも収録する「外電日録」欄、同会の活動報告である「会報」欄などで構成されている。
参照：『東亜時論』復刻版、ゆまに書房、2010年

『東亜同文会報告』
　　第5–132回
　　東京：東亜同文会調査編纂部
　　1900（明治33）年4月–1910（明治43）年6月
　　東亜同文会機関誌。『東亜時論』にかわって東亜同文会の機関誌として発行された。第122–131回の月2回発行以外は月刊。誌面は『東亜時論』を拡充したものとなっており、国内外の有力新聞雑誌の中国に関する記事を紹介する「時報」欄、中国の政治経済方面の重要ニュースをとりあげる「支那半月政治経済志」欄、

さらに中国貿易に関する「統計」欄などが設けられ、清朝末期の中国を知る貴重な資料となっている。
参照：『東亜同文会報告』復刻版、ゆまに書房、2011年

『会報』

　　第1–9号
　　上海：東亜同文書院学友会
　　1904（明治37）年2月–1909（明治42）年6月

　　東亜同文書院学友会機関誌。東亜同文書院学友会は、学生間の親睦をはかるため、学生有志によって1902（明治35）年末ごろに結成され、翌1903（明治36）年に会則を定めて成立した組織である。本誌の内容について世良一二（第2期生）は、「年一回の発行、書院の記事は勿論在清先覚者の御高説を承つて之を披露したり研究資料を発表し又当時の大清帝国内地遊歴各班の記事等を載せて読物として居たように覚へて居る。」（『滬友学報』第2号、1940年5月、38頁）と述べている。この「大清帝国内地遊歴各班」は、いわゆる「大旅行」のことである。なお、本誌データ入力に際しては、財団法人東洋文庫の所蔵本を用いた。
参照：財団法人東洋文庫所蔵

『支那経済報告書』

　　第1–51号
　　東京：東亜同文会支那経済調査部
　　1908（明治41）年5月–1910（明治43）年6月

　　中国専門経済誌。1907（明治40）年11月、東亜同文会は日本の企業や実業家の中国市場進出を支援するために支那経済調査部を設立し、本誌を月2回発行し始めた。中国の経済動向に焦点をしぼった編集がなされているものの、誌面は並行して刊行されていた東亜同文会機関誌『東亜同文会報告』を踏襲したものとなっている。また『東亜同文会報告』第130回（1910（明治43）年）の記事「招商局第三十六期営業報告」に「三十五期報告ハ〔支那〕経済調査報告書第二十六号ニ詳ナリ就キテ参照スベシ」と両誌揃って読むことを前提とする記述がみられるように、本誌と『東亜同文会報告』は姉妹誌といえる関係にあった。

『同窓』
　第 2 号
　上海：滬友同窓会
　1910（明治 43）年 1 月
　滬友同窓会々報。滬友同窓会は、1909年に発足した東亜同文書院の同窓会組織である。会名の「滬」は上海の別称。後の『滬友』『滬友学報』の前身誌である。中国各地で活動する卒業生の所在通知や近況報告と在学生の学校生活を伝える記事が並ぶ。1909年に創刊されたと考えられるが、終刊時期は不明である。
　参照：北京国家図書館

『東亜同文会支那調査報告書』
　第 1 巻第 1 号−第 2 巻第 24 号
　東京：東亜同文会調査編纂部
　1910（明治 43）年 7 月−1911（明治 44）年 12 月
　東亜同文会機関誌。1910（明治 43）年 6 月、東亜同文会機関誌『東亜同文会報告』と東亜同文会支那経済調査部発行中国専門経済誌『支那経済報告書』がともに廃刊され、同年 7 月から本誌が東亜同文会機関誌として発行された。第 1 巻第1–3号のみ月 3 回発行され、その後毎月 2 回発行した。

『支那』
　第 3 巻第 1 号−第36巻第 1 号
　東京：東亜同文会調査編纂部
　1912（明治45）年 1 月−1945（昭和20）年 1 月
　東亜同文会機関誌。『東亜支那調査報告書』の後継誌である。誌名は改めたが巻号数は引き継ぎ、日本の敗戦まで発行された。第10巻第18号（1919（大正 8）年 9 月）以前は月 2 回発行、後に月刊となった。なお、第10巻第22–24号、第14巻第12号、第18巻第12号は発行されておらず、第25巻第 2 号、同第 3 号は合併号である。本誌は東亜同文会の機関誌として会の活動を伝えるだけではなく、中国に関するさまざまな論説、時事を収録する総合雑誌となっている。実際、東亜同文会関係者以外の読者も想定していたようで、例えば財団法人東亜同文会『自昭和二年十月至昭和三年三月事業報告』（1928年）によれば当時の発行部数1,500部（内訳：直接購買者469、商店委託429、起稿家及関係先配布424、広告募集用100、納本其他10、残部68）のうち429部が店頭販売されている。

『滬友』(こゆう)
　　第1–13号、第15–29号
　　上海：滬友同窓会
　　1917(大正6)年6月–1926(大正15)年2月
　　滬友同窓会々報。滬友同窓会は、1909年に発足した東亜同文書院の同窓会組織である。会名の「滬」は上海の別称。東亜同文書院徐家匯虹橋路校舎完成(1917年)と同時に校内に置かれた滬友同窓会本部から発行された。年に2–4回刊行されているが、霞山文庫(愛知大学図書館所蔵)ならびに愛知大学東亜同文書院大学記念センターには第29号(1926年2月)までしか伝えられておらず、終刊時期は不明である。世良一二(第2期生)が、『滬友』は「更に新聞体のものと代り杜きれ杜断れに吾々を訪ねて呉れて居たが何日の間にやら中絶してしまつた」(『滬友学報』第2号、1940年5月、38頁)と述べていることから、昭和期に入ってから発行が中断したものと思われる。

『支那研究』
　　第1巻第1号–第23巻第2号(通巻第62号)、臨時号研究旅行報告輯第1–3輯
　　上海：東亜同文書院支那研究部、後に東亜同文書院大学東亜研究部
　　1920(大正9)年8月–1942(昭和17)年5月
　　学術雑誌。1918(大正7)年10月、東亜同文書院は学内研究所支那研究部を開設した。その研究成果を発表するために刊行されたのが本誌である。年によって発行回数は異なるものの創刊から『東亜研究』と改名するまで毎年刊行された。非売品とされた時期(1920年8月–1928年1月、1930年7月–1933年4月)以外は、上海だけでなく東京、大阪でも一般に向けて販売された。なお、『支那研究』第11巻第2号(通巻第22号)は『東亜同文書院創立三十週年記念論文集』(1930(昭和5)年5月)と題されている。

『東亜同文書院支那研究部パンフレット』
　　第1–9号、ほか号数不明が2号分
　　上海：東亜同文書院支那研究部
　　1921(大正10)年10月–1927(昭和2)年6月
　　1918(大正7)年10月、東亜同文書院は学内研究所支那研究部を開設した。同部は学術雑誌『支那研究』によって部員の研究結果を発表していたが、これとは別に「部員及学生の調査研究発表機関として随時必要に応じて『パンフレット』を発行しつつあり」(『滬友』第22号、1923年12月、15–16頁)として、本

東亜同文書院・東亜同文会逐次刊行物解題

誌は随時発行された。現存を確認するのは第2-6号だけであるが、『滬友』『支那研究』には、第1号、第7-9号、号数不明のもの2号分の発行が広告されている。
　参照：国立国会図書館（第2-6号）

『華語月刊』
　　第1-119号
　　上海：東亜同文書院支那研究部華語研究会
　　1928（昭和3）年7月-1943（昭和18）年11月
　　中国語教育研究誌。華語研究会は、東亜同文書院の中国語教員によって東亜同文書院支那研究部内に設立された。学校休暇期間中の8-9月をのぞき、概ね毎月1回発行され、上海だけでなく日本国内でも販売された。メンバーによる中国語についての研究論文のほか、東亜同文書院の中国語試験問題や模範解答を掲載するなど中国語学習の参考教材的な内容も掲載された。
　　参照：愛知大学（第11-119号）、神戸大学、富山大学、長崎大学等（第1-10号）

『国際』
　　第1巻第1-2号、第2巻第1号、第3巻第1-4号、第4巻第1-2号、第5巻第1-2号、第6巻第1-2号、第7巻第2号
　　上海：日本国際協会東亜同文書院学生支部
　　1933（昭和8）年-1940（昭和15）年6月
　　日本国際協会東亜同文書院学生支部機関誌。国際連盟を中心とした国際協調を民間から支えようとする平和運動団体日本国際連盟協会が、日本の国際連盟脱退により改称したものが日本国際協会である。その学生支部が東亜同文書院内で結成されており、1938（昭和13）年当時、東亜同文書院々長大内暢三を含む顧問6名、内山書店の内山完造や『新申報』論説委員日高清磨嵯（第25期生）など上海在留邦人や東亜同文書院教職員が名を連ねる。賛助員36名、学生255名、計297名が参加していた（「部員名簿」、本誌第6巻第1号、127-128頁）。同支部は、講演会の開催（「講演部と合同にて、維新政府より陳羣氏を文治堂にお迎えする。六月十八日」、本誌第6巻第1号、129頁）、日本国際協会夏期大学（「七月中旬開催の国際協会夏期大学に委員三名出席の予定」、本誌第6号第1号、129頁）への参加といった活動とともに本誌を発行した。学生による中国の社会、経済についての論文や英語論文の飜訳のほかに、東亜同文書院教員による論文も掲載されており、たんなる学生活動をこえた全学的な規模のものとなっている。
　　参照：愛知大学（第6巻第1号）、亜細亜大学（第1巻第1-2号、第2巻第1号、

第3巻第1–4号、第4巻第1–2号、第5巻第1–2号、第7巻第2号）

『第二江南学誌』
　　第5号、第7号
　　上海：東亜同文書院学芸部
　　1932（昭和7）年12月–1933（昭和8）年6月
　　東亜同文書院学芸部機関誌。学芸部は、東亜同文書院の学生サークルのひとつである。滬友同窓会々報『滬友』第21号（1923（大正12）年3月）編輯後記には、学芸部が雑誌を年3回発行することが告知されており、大正末年より機関誌が刊行されていたようである。また、本誌に先行して年2回発行の機関誌『江南』があり、満鉄社歌の作詞者で後に「満洲国」の文芸界で翻訳家として活躍する大内隆雄（本名山口慎一、第25期生）が在籍していた時期には、部員が田漢、郁達夫など中国の文化人と交流をもつこともあった。1930（昭和5）年、左翼系の部員を中心に政治色の強い新聞形式の『江南学誌』（1933年創刊のは別個）を出すが、同年末の第1次学生検挙事件（反戦ビラ配布事件）によって部員が検挙されたため中断した。これを1931（昭和6）年に復刊したのが本誌である。1932（昭和7）年より、文芸同好会同人の作品も掲載するようになり、誌面には政治的なもののほかに文芸的なものもならんだ。

『江南学誌』
　　第10–18号、第20号、第26号
　　上海：東亜同文書院学芸部
　　1934（昭和9）年6月–1940（昭和15）年3月
　　東亜同文書院学芸部機関誌。『第二江南学誌』の後継誌として1933（昭和8）年に発行がはじめられた。誌面、内容は前身誌を踏襲したものとなっている。

『霞山会館講演』
　　第1–7輯、第9–30輯、第32–43輯
　　東京：霞山会館
　　？–1937（昭和12）年2月
　　霞山会館は、1928（昭和3）年、東亜同文会の本部として建設されたものである。ここでは東亜同文書院の入学式などが行われたほか、中国問題だけでなく国際事情について、新渡戸稲造、鶴見祐輔、郁達夫など各界の著名人を招いた講演会が東亜同文会によって開催された。この講演記録を冊子にまとめたも

のが本誌である。非売品であると印字する号があることから、東亜同文会など
の関係者へのみ配付されたものと思われる。

『東亜週報』
　第1–248号？
　東京：東亜同文会
　1937（昭和12）年–1942年？
　新聞。東亜同文会が発行した週刊新聞である。東亜同文会は本紙発行について次のように告知している。

　　『東亜週報』の発刊
　　本会に於ては這般世の待望を担うて「東亜週報」を発刊することゝなつた。蓋し「本紙は東亜に関する内外の文献、資料、情報を広く渉猟蒐集し之を整理分類し、移り行く東亜の大勢を一瞥直ちに鳥瞰し得るインデックスたらしめ」（第一号、近衛公「発刊に際して」）「時務多忙なる現代人に対して、是等広汎なる支那知識の最も公正簡潔なる要点のみを摂取するの機会を与ふること」（第二号岡部子「問題の解決の鍵」）を其眼目とする。而して此種の週刊紙は未だ曾て何人も企及し得ざりし所であつたが、本会は茲に鑑みる所あり断乎万難を排し之を敢行、既に第四号（四月二十三日発刊）まで刊行した。広く江湖の購読を切望して已まない。（菊二倍四頁、上紙質、定価一部五銭、見本郵券八銭）（『支那』第28巻5号、東亜同文会、1937年5月）

　この時期、東亜同文会は『支那』を刊行していたが、これは月刊であり、また長文の論説も掲載する総合雑誌的なものであった。それに対し、本紙は速報性に勝る週刊新聞をとり時事を中心に読みやすい短文で構成された。
　参照：愛知大学（第3、195号、201号、216号）、一橋大学（208号）、北海道大学（第27–28、34、36、38–39、41、47–49、51–67、69–92、95–96号）、東洋文庫（第248号）、石田卓生「東亜同文会『東亜週報』第3号」（『中国東北文化研究の広場：「満洲国」文学研究会論集』第3号、2012年）

『滬友学報』
　　第1–5号、第7–16号
　　上海：東亜同文書院（大学）、滬友同窓会
　　1940（昭和15）年2月–1943（昭和18）年5月
　　滬友同窓会々報。滬友同窓会は、1909年に発足した東亜同文書院の同窓会組織である。会名の「滬」は上海の別称。滬友同窓会の会報『滬友』（1917（大正6）年6月–1926（大正15）年2月）はながらく中断されていたが、東亜同文書院の大学昇格を契機に再開され、概ね3カ月毎に本誌が発行された。誌面は、東亜同文書院学内記事と同窓会関係記事の二つにわけられ配列されている。第16号（1943年）より後のものは未見。

『崑崙』
　　第1巻第1–2号（冊子体）、第5号（新聞形式）
　　上海：東亜同文書院図書館
　　1940（昭和15）年3月–1942（昭和17）年6月
　　東亜同文書院図書館報。現存する3号分のうち、第1巻第1号、同2号は100頁前後の冊子体であるが、第5号は新聞形式の簡便なものとなっている。

『東亜研究』
　　第23巻第3号（通巻第63号）–第25巻第3号（通巻第70号）
　　上海：東亜同文書院大学東亜研究部
　　1942（昭和17）年7月–1944（昭和19）年10月
　　東亜同文書院大学東亜研究部発行学術雑誌。東亜同文書院の大学昇格にともない、同校の研究機関支那研究部は東亜研究部と改称され、その刊行物『支那研究』も巻号数を引き継いだまま『東亜研究』と改められた。

『東亜同文書院大学学術研究年報』
　　第1輯–？
　　東京：日本評論社
　　1944（昭和19）年2月–？
　　学術雑誌。本誌について、発行当時の東亜同文書院大学々長矢田七太郎は、次のように述べている。

　　我々は古くから東亜の研究、殊に支那研究に最も力を注いで来たのであり、

この方面に於ても特に学界に貢献し得たるものと私かに自負して居るものであります。最近の情勢の進展の結果、本学の研究対象も本来の面目を発揮して広く東亜の諸問題を研究することとなつたのであります。これ先年「支那研究」を「東亜研究」と改題したる所以のものであります。かかる現地に立脚した特種研究と共に、他面、大学として一般学理研究の発表機関を持ちたいと希ひましたることは数年来のことでありました。（本誌、1頁）

専門学校から大学に昇格したということを背景として、これまで専ら中国、アジアのみを対象としてきた学校としての研究活動をより広範な領域に拡大していこうというのが、本誌発行の意図である。

※引用に際しては、旧字体を新字体に改めた。また、文中の〔　〕内は筆者による。
　本稿は、「東亜同文書院・東亜同文会雑誌記事データベース」（http://toadb.aichi-u.ac.jp/）についての収録文献解題（http://toadb.aichi-u.ac.jp/DB_Kaidai.pdf）に加筆修正したものである。特に注記がない資料は愛知大学が所蔵している。

執筆者紹介

《編者》
三好 章（みよし あきら）

1952年生。愛知大学現代中国学部教授。愛知大学東亜同文書院大学記念センター長。一橋大学大学院博士後期課程満期退学。博士（社会学）。
主要論著：『摩擦と合作——新四軍1937〜1941』（創土社、2004年）、『根岸佶著作集』全5巻（編集解説）（不二出版、2015〜2017年）。

《執筆者》
ダグラス・レイノルズ（Douglas R. Reynolds）

1944年生。ジョージア州立大学歴史学教授。中国近代史、日本近代史。
主要論著：*East Meets East: Chinese Discover the Modern World in Japan, 1854–1898—A Window on the Intellectual and Social Transformation of Modern China* (Ann Arbor, MI: Association for Asian Studies, Asia Past & Present Series, 2014). *China, 1898–1912: The Xinzheng Revolution and Japan* (Harvard East Asian Monographs, 1993). 1996年度東亜同文書院基金会記念賞受賞。

石井知章（いしい ともあき）

1960年生。明治大学商学部教授。早稲田大学大学院政治学研究科博士課程修了。博士（政治学）。コロンビア大学（2017〜2018年）、スタンフォード大学（2007〜2009年）客員研究員。
主要論著：『現代中国のリベラリズム思潮』（藤原書店、2015年）、『現代中国政治と労働社会——労働者集団と民主化のゆくえ』（御茶の水書房、2010年、2010年日本労働ペンクラブ賞受賞）、『中国革命論のパラダイム転換——K・A・ウィットフォーゲルの「アジア的復古」をめぐり』（社会評論社、2012年）。

湯原健一（ゆはら けんいち）

1980年生。前韓山師範学院（広東）教師。愛知大学大学院中国研究科博士後期課程退学。
主要論著：「『満洲日日新聞』1907（明治40）年記事件名目録」（『愛知大学国際問題研究所紀要』第144号、2015年）、「書訊 高田幸男・大澤肇 編著『新史料からみる中国現代史——口述・電子化・地方文献』」（『中国21』Vol. 36、2012年）、書評「岡本真希子著『植民地官僚の政治史——朝鮮・台湾総督府と帝国日本』」（『中国21』Vol. 31、2009年）。

野口 武（のぐち たける）

1981年生。愛知大学非常勤講師。愛知大学大学院中国研究科博士後期課程修了。博士（中国研究）。
主要論著：「日清戦争期山東財政の財源獲得策について」（『現代中国研究』第33号、2013年）、「日清貿易研究所出身者の「立身」と教育機会(2)」（『愛知大学国際問題研究所紀要』第148号、2016年）。

仁木賢司（にき　けんじ）

1941年生。元ミシガン大学名誉学芸司書。St. John's University (Master of Asian Studies)、Pratt Institute (Master of Library Science)。

主要論著：講演「北米に於ける東洋学とその資料の動向」（『草編　愛知大学図書館報』第32号、2005年）。

石田卓生（いしだ　たくお）

1973年生。愛知大学東亜同文書院大学記念センター研究員。愛知大学大学院中国研究科博士課程修了。博士（中国研究）。

主要論文：「『華語萃編』初集にみる東亜同文書院中国語教育の変遷」（『中国研究月報』Vol. 72 No. 2、2018年）、「戦前日本の中国語教育と東亜同文書院大学」（『歴史と記憶』あるむ、2017年）、「大内隆雄和東亜同文書院」（『偽満州国文学大系』北方文芸出版社、2017年）、「日清貿易研究所の教育」（『現代中国』第90号、2016年）。

愛知大学東亜同文書院大学記念センター叢書

アジアを見る眼
―― 東亜同文書院の中国研究

2018年3月30日　第1刷発行

編　者　三好　章
発　行　株式会社あるむ
　　　　〒460-0012　名古屋市中区千代田3-1-12
　　　　TEL (052)332-0861　FAX (052)332-0862
　　　　http://www.arm-p.co.jp　E-mail: arm@a.email.ne.jp
　　　　印刷／興和印刷　　製本／渋谷文泉閣

ISBN 978-4-86333-142-6　C3020